KB162240

삼삼한
중국어

삼삼한
중국어
中国语

초 이 지음

목 차

3개월에
HSK 3급 합격하기!!

삼삼한 중국어 Contents

목 차

삼삼한 중국어 **Contents**

1. 중국어란?

'한자', '병음', '성모', '운모', '성조'로 이루어진 언어입니다.

중국에는 56개의 소수민족이 있는데 그만큼 다양한 언어도 존재합니다. 지역별로 약 130여개의 방언이 있는데 우리가 이 책에서 공부하게 될 언어는 보통화(표준어)입니다. 중국, 대만, 홍콩, 싱가폴 등 각 지역에서도 공통으로 소통이 가능한 언어이며, 약 16억 명 이상이 사용하는 언어로 세계에서 사용인구가 가장 많은 언어입니다. 전 세계 약 1/5의 인구가 사용하는 언어이며, 2020년에는 약 18억 명이상이 사용할 언어로 전망되고 있습니다.

2. 번체와 간체

한국이나 일본, 홍콩 등 여러 나라에서도 한자를
사용하는데 이는 번체(**繁體**), 또는 번체자라고 칭
하며 중국에서 주로 사용하는 한자는 현 시대에
알맞게 비교적 간편하게 변화된 한자로 간체(**简
体**), 또는 간체자라고 칭합니다.

오른쪽에 있는 그림을 보면 쉽게 볼 수 있듯이 번
체자는 한국에서 흔히 한자공부를 할 때 사용되는
한자이고, 간체자는 중국에서 현재 통용되고 사용
하고 있는 한자입니다.

간체 vs 번체

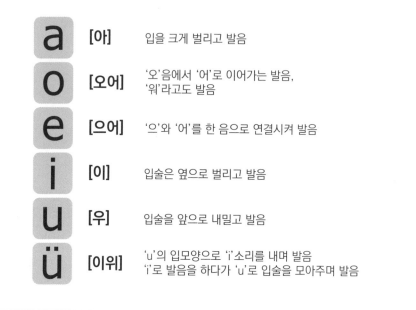

a	**[아]**	입을 크게 벌리고 발음
o	**[오어]**	'오'음에서 '어'로 이어가는 발음, '워'라고도 발음
e	**[으어]**	'으'와 '어'를 한 음으로 연결시켜 발음
i	**[이]**	입술은 옆으로 벌리고 발음
u	**[우]**	입술을 앞으로 내밀고 발음
ü	**[이위]**	'u'의 입모양으로 'i'소리를 내며 발음 'i'로 발음을 하다가 'u'로 입술을 모아주며 발음

중국어에서의 운모는 한국어의 모음에 해당되며 한국어에 자음과 모음이 포함되어 있듯이 중국어 한자의 발음표기를 나타내는데 쓰입니다. 그 외에 운모가 한 개 이상 포함되는 운모가 있는데 이를 '복운모'라고 합니다.

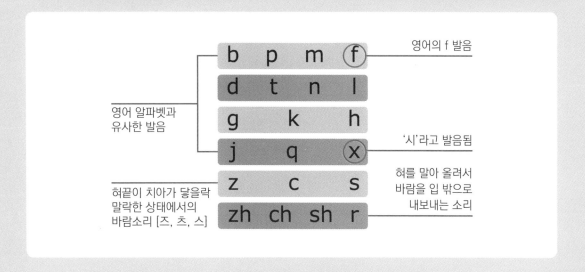

중국어에서의 성모는 한국어의 자음에 해당되며 간혹 발음표기에 운모만 있고 성모는 없을 수도 있습니다. 예를 들면 阿(ā) , 饿(è) 등과 같이 운모로만 발음하는 한자들도 있습니다.

몇 가지 주의해야할 점이 있다면, 'f'발음은 영어에서의 'f'발음과 비슷하며 '뽀'나 '포'로 하는 발음은 옳지 않습니다. 'c'발음은 영어에서 상황에 따라 'k'로 발음하는 경우도 있지만 중국어에서는 'ㅊ'로 발음합니다. zh, ch, sh, r 등의 발음은 입모양이나 혀의 위치가 모두 동일합니다.

성모 ＼ 운모		아	오(어)	으이	이	으	우	(이)위	아이	에이	우이	아오	오우	이우	이에	위에	(으)얼	안	(으)언
		a	o	e	i	-i	u	ü	ai	ei	ui	ao	ou	iu	ie	üe	er	an	en
뽀어	b	ba	bo		bi		bu		bai	bei		bao			bie			ban	ben
포어	p	pa	po		pi		pu		pai	pei		pao	pou		pie			pan	pen
모어	m	ma	mo	me	mi		mu		nai	nei		mao	mou	miu	mie			man	men
포어	f	fa	fo				fu			fei			fou					fan	fen
뜨어	d	da		de	di		du		dai	dei	dui	dao	dou	diu	die			dan	den
트어	t	ta		te	ti		tu		tai		tui	tao	tou		tie			tan	
느어	n	na		ne	ni		nu	nü	nai	nei		nao	nou	niu	nie	nüe		nan	nen
르어	l	la	lo	le	li		lu	lü	lai	lei		lao	lou	liu	lie	lüe		lan	
끄어	g	ga		ge			gu		gai	gei	gui	gao	gou					gan	gen
크어	k	ka		ke			ku		kai	kei	kui	kao	kou					kan	ken
흐어	h	ha		he			hu		hai	hei	hui	hao	hou					han	hen
찌	j				ji			jü						jiu	jie	jüe			
치	q				qi			qü						qiu	qie	qüe			
씨	x				xi			xü						xiu	xie	xüe			
쯜	zh	zha		zhe		(zhi)	zhu		zhai	zhei	zhui	zhao	zhou					zhan	zhen
츨	ch	cha		che		(chi)	chu		chai		chui	chao	chou					chan	chen
쓸	sh	sha		she		(shi)	shu		shai	shei	shui	shao	shou					shan	shen
를	r			re		(ri)	ru				rui	rao	rou					ran	ren
쯔	z	za		ze		(zi)	zu		zai	zei	zui	zao	zou					zan	zen
츠	c	ca		ce		(ci)	cu		cai		cui	cao	cou					can	cen
쓰	s	sa		se		(si)	su		sai		sui	sao	sou					san	sen
이	y	ya	yo		(yi)		(yü)					yao	you		(ye)	(yue)		yan	
우	w	wa	wo			(wu)			wai	wei								wan	wen

중국어에서 병음이란 한자를 읽을 수 있는 발음기호를 말합니다. 영어에서 국제발음기호가 있듯이 중국어에서는 병음으로 발음을 나타내는데, 영어에서 봤던 익숙한 알파벳이지만 발음은 영어와 차이가 나므로 정확하게 숙지하여 발음하는 것이 중요합니다.

각 한자마다 한 개 또는 그 이상의 성모와 운모 발음기호를 가지고 있습니다.

중국어는 4개의 성조로 이루어져 있습니다. 성조란 흔히 운율과도 같으며 음의 높낮이라고 할 수 있습니다. 같은 발음을 가진 글씨라고 해도 성조에 따라 뜻이 바뀌기도 하므로 반드시 유의하여 정확하게 발음해야합니다. 모든 병음에는 위에서 나온 4개의 성조가 있으나 간혹 성조가 없는 경우도 있는데 이를 '경성(輕声)'이라 부릅니다.

예를 들면, 妈妈(māma) , 爸爸(bàba) 등의 단어들이 있으며 경성은 짧고 가볍게 소리를 냅니다. 경성을 포함하여 중국어에서 사용하는 4개의 성조를 정확하게 파악하는 것만으로도 중국어의 반을 숙지한 것이라고 할 만큼 중요한 부분입니다.

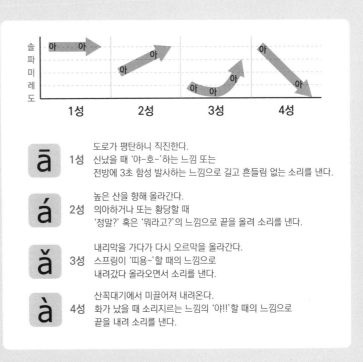

ā	1성	도로가 평탄하니 직진한다. 신났을 때 '야-호-'하는 느낌 또는 전방에 3초 함성 발사하는 느낌으로 길고 흔들림 없는 소리를 낸다.
á	2성	높은 산을 향해 올라간다. 의아하거나 또는 황당할 때 '정말?' 혹은 '뭐라고?'의 느낌으로 끝을 올려 소리를 낸다.
ǎ	3성	내리막을 가다가 다시 오르막을 올라간다. 스프링이 '띠용~'할 때의 느낌으로 내려갔다 올라오면서 소리를 낸다.
à	4성	산꼭대기에서 미끌어져 내려온다. 화가 났을 때 소리지르는 느낌의 '야!!'할 때의 느낌으로 끝을 내려 소리를 낸다.

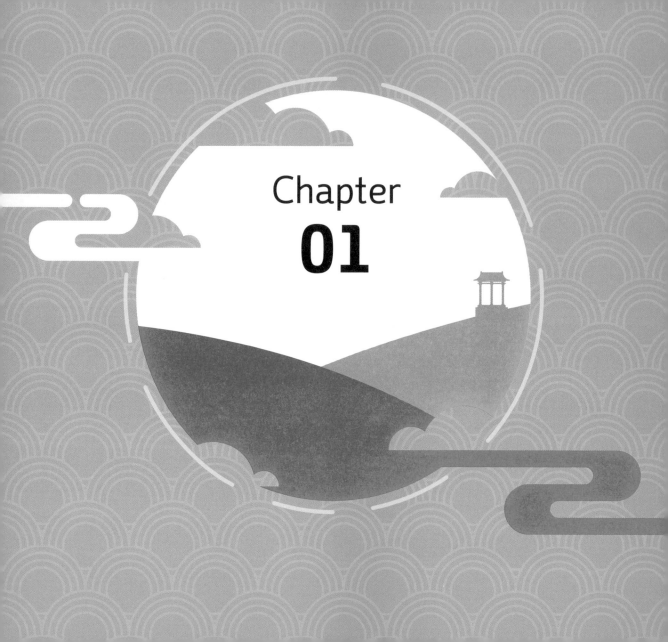

Chapter
01

안녕하세요!

성함이 어떻게 되세요?

가족들은 잘 지내니?

[실력다지기 01]

一章

01 你好!
안녕하세요!

A 你好!
nǐhǎo
안녕하세요!

B 你好!
nǐhǎo
안녕하세요!

C 你好吗?
nǐ hǎo ma
잘 지내니?

A 我很好,你呢?
wǒ hěnhǎo, nǐ ne
나는 잘 지내. 너는?

B 我也 很好
wǒ yě hěnhǎo
나도 잘 지내

첫 인사 **你好** [nǐhǎo] **! 안녕하세요**

'你好'라는 말은 많이 들어보셨을 겁니다. 언제나, 어디서나, 누구에게나 가장 먼저 건넬 수 있는 인사 말이죠. '你nǐ'는 '너' 혹은 '당신'이라는 의미이며 '好hǎo'는 '좋다'라는 의미로 '당신 좋은가요?'라는 의 미로 처음 보는 사람에게 '안녕!'이라고 인사를 건넬 때 하는 말입니다. 이름이나 호칭을 앞에 붙여 말해주면 더 친근한 느낌을 줄 수 있습니다.

妈妈好! 엄마 안녕!
māma hǎo

您好! 안녕하세요!
nín hǎo

중국어는 '존댓말'이 없지만 초면이나 나이가 많은 사람에게 쓰는 '존칭' 즉 '높임말'은 있습니다. 즉 '你(너)' 대신 '您'을 쓰면 '당신'이라는 뜻이 됩니다. 한명이 아닌 한명 이상 혹은 많은 상대에게 동시에 인사를 할 때에는 '여러분 안녕하세요'라는 표현을 씁니다.

你们好! 여러분 안녕하세요!
nǐ men hǎo

大家好! 여러분 안녕하세요!
dà jiā hǎo

구면 인사 **你好吗** [nǐhǎo ma] **?** 잘 지냈니?

'你好吗'라는 인사는 서로 알고 있는 사람들끼리 서로 안부를 묻는 인사말입니다. 그러므로 처음 만난 사람에게는 '你好吗'가 아니라 '你好'라고 인사하는 걸 잊지 마세요!

你好吗? 잘 지냈니?
nǐhǎo ma

我很好! 난 잘 지냈어!
wǒ hěnhǎo

중국어 어순 : **주어 + 술어 + 목적어**

중국어 문장의 기본 구조입니다. 보통 술어의 품사에 따라 문장을 분류하는데 동사가 술어로 쓰인 문장을 **동사술어문**이라고 합니다.

긍정문 주어 + 술어 + 목적어

我 + **去** + 学校　　나는 학교에 <u>간다</u>.
wǒ　　qù　　xuéxiào

你 + **吃** + 饭　　　너는 밥을 <u>먹는다</u>.
nǐ　　chī　　fàn

他 + **来** + 公司　　그가 회사에 <u>온다</u>.
tā　　lái　　gōngsī

他 + **写** + 字　　　그는 글씨를 <u>쓴다</u>.
tā　　xiě　　zì

부정문 주어 + 不술어 + 목적어

我 + **不去** + 学校　　나는 학교에 <u>안 간다</u>.
wǒ　　búqù　　xuéxiào

你 + **不吃** + 饭　　　너는 밥을 <u>안 먹는다</u>.
nǐ　　bù chī　　fàn

他 + **不来** + 公司　　그가 회사에 <u>안 온다</u>.
tā　　bùlái　　gōngsī

他 + **不写** + 字　　　그는 글씨를 <u>안 쓴다</u>.
tā　　bùxiě　　zì

02 您贵姓?

성함이 어떻게 되세요?

A 请问, 您贵姓?
qǐngwèn nín guìxìng?

성함이 어떻게 되세요?

B 我姓金, 叫喜善。
wǒ xìng jīn, jiào xǐ shàn

성은 김이고, 이름은 희선입니다.

A 认识您很高兴。
rènshi nín hěn gāoxìng

당신을 알게 되어 기쁩니다.

B 这是我的名片。
zhèshì wǒ de míngpiàn

이건 제 명함입니다.

이름 묻기 **您贵姓** [nín guì xìng] **? 이름이 뭐예요?**

您贵姓은 초면에 흔히 쓰는 인사이며 원래는 성을 묻는 인사말이지만, 대답할 때는 성과 함께 이름까지 말하는 것이 좋습니다. 즉 我姓○,叫○○.(성은 ○씨이고 이름은 ○○입니다)라고 대답해야 합니다.

 비슷한 연령대의 사람에게 비공식적인 장소에서 이름을 물을 때는 你叫什么名字? nǐ jiào shénme míng zi 를 쓴다.

叫 [jiào] **?** ~라고 부르다

이름을 대답할 때에는 가장 많이 쓰는 표현이 '叫jiào+이름' 입니다.

喜善 : 你叫什么名字?
nǐ jiào shénme míng zi

너는 이름이 무엇이니?

敏浩 : 我叫朴敏浩。你呢?
wǒ jiào Piáo mǐnhào　nǐ ne

나는 박민호라고 불러. 넌?

喜善 : 我叫金喜善。
wǒ jiào jīn xǐ shàn

나는 김희선이라고 해.

인칭대명사

사람을 가리켜 이름이 아닌 호칭으로 부를 때의 명칭을 '인칭대명사'라고 합니다.

인칭대명사	단 수	복 수
1인칭(나)	我 wǒ	我们 wǒmen
2인칭(너/당신)	你 nǐ	你们 nǐmen
3인칭(그/그녀/그것)	他 / 她 / 它 tā　tā　tā	他们 / 她们 / 它们 tāmen　tamen　tāmen

지시대명사

어떤 사물이나 처소를 지칭하는 말들을 '지시대명사'라고 합니다.

이것(가까운 거리)	这个 이것 zhège	这里 / 这儿 여기 zhèlǐ zhèr	这边 이쪽 zhèbiān
저것, 그것(먼 거리)	那个 저것, 그것 nàge	那里 / 那儿 저기, 거기 nàlǐ nàr	那边 저쪽 nàbiān

03 你家人好吗?

가족들은 잘 지내니?

A 你家人好吗?
nǐ jiārén hǎo ma?
식구들은 잘 지내니?

B 他们也都很好。
tāmen yě dōu hěnhǎo
그들도 모두 잘 지내.

A 你去学校吗?
nǐ qù xué xiào ma
너는 학교에 가니?

B 我不去,你呢?
wǒ búqù, nǐ ne
나는 안 가, 너는?

일반의문문 평서문+**吗** [ma] **?** ~이니?

你去 学校。 너는 학교에 간다. ➡ 你去 + 学校 + **吗?** 너는 학교에 <u>가니?</u>
nǐqù   xuéxiào   nǐqù   xuéxiào   ma

他 来 公司。 그는 회사에 온다. ➡ 他 来 公司 + **吗?** 그는 회사에 <u>오니?</u>
tā lái gōngsī   tā lái gōngsī   ma

| 你 吃饭。
nǐ chīfàn | 너는 밥을 먹는다. | ➡ | 你 吃饭 + 吗?
nǐ chīfàn ma | 너는 밥을 **먹니**? |
| 她 不看 书。
tā búkàn shū | 그녀는 책을 안 본다. | ➡ | 她 不看 书 + 吗?
tā búkàn shū ma | 그녀는 책을 안 **보니**? |

부사와 부사의 위치

기초중국어에서 자주 쓰는 부사에는 也yě 都dōu 很hěn 등 부사가 있으며 不bù는 부정부사입니다. 부사는 보통 술어(형용사, 동사)의 앞에서 술어를 꾸며주는 역할을 합니다.

긍정문		부정문	
今天天气很冷。 jīntiān tiānqìhěn lěng	오늘 날씨가 매우 **춥다**.	今天天气不热。 jīntiān tiānqìbúrè	오늘 날씨가 덥지 않다.
这个手机很好。 zhège shǒujīhěnhǎo	이 휴대폰은 아주 **좋다**.	这个电脑不好。 zhège diànnǎo bùhǎo	이 컴퓨터는 **좋지 않다**.
这里人很多。 zhèlǐrén hěnduō	여기에 사람이 아주 **많다**.	公园不远。 gōngyuán bùyuǎn	공원이 **멀지 않다**.
他很帅。 tāhěnshuài	그는 매우 **멋지다**.	她不漂亮。 tābúpiàoliang	그녀는 **예쁘지 않다**.
弟弟很聪明。 dìdi hěn cōngming	남동생은 아주 **똑똑하다**.	汉语不难。 hànyǔ bùnán	중국어는 **어렵지 않다**.

我们都**喜欢**老师。우리는 모두 선생님을 **좋아한다**. wǒmen dōu xǐhuan lǎoshī	我周末**不忙**。　나는 주말에 **바쁘지 않다**. wǒzhōumòbùmáng

생략의문문 ~呢 [ne] **?** ~는?

현재의 상황이나 정황을 상대방에게 되물을 때 혹은 어떤 상황이나 정황에 대해 질문을 받은 후 같은 상황이나 정황에 대해 상대방에게 질문할 때에는 '呢'를 붙여서 되 물을 수 있습니다.

我去学校,你**呢**? wǒqù xué xiào, nǐ ne	난 학교에 가, **너는?**	我也去。 wǒ yě qù	나도 가.
我饿了,你**呢**? wǒ è le, nǐ ne	나 배고파, **너는?**	我也饿。 wǒ yě è	나도 배고파.
我们吃了,你**呢**? wǒmen chī le, nǐ ne	우리는 먹었어, **너는?**	我也吃了。 wǒ yě chī le	나도 먹었어.
这个很好,那个**呢**? zhège hěnhǎo nàge ne	이건 아주 좋아, **저건?**	那个也很好。 nà ge yěhěnhǎo	저것도 아주 좋아.

Chapter 01

실력 다지기 01

1. 단어

뜻	중국어	병음
① 너		
② 나		
③ 선생님		
④ 좋다		
⑤ 춥다		
⑥ 멀다		
⑦ 좋아하다		
⑧ 이름		
⑨ ~라고 부르다		
⑩ 그, 그 남자		

2. 다음 문장의 빈칸을 채우세요.

01) 나는 간다. ➡ 我 _____
wǒ qù

02) 그녀는 듣는다. ➡ 她 _____
tā tīng

03) 너는 안 온다. ➡ 你 _____
nǐ bù lái

04) 그는 안 먹는다. ➡ 他 _____
tā bù chī

05) 날씨가 덥다. ➡ 天气 _____
tiān qì hěn rè

06) 나는 예쁘다. ➡ 我很 _____
wǒ hěn piàoliang

3. '吗'를 넣어서 평서문을 의문문으로 바꿔보세요.

01) 我吃饭。 ➡ _____
wǒ chīfàn
나는 밥을 먹는다.　　　너는 밥을 먹니?

02) 我去学校。 ➡ _____
wǒ qù xuéxiào
나는 학교에 간다.　　　너는 학교에 가니?

03) 她听音乐。　➡　_____

tā tīng yīnyuè

그녀는 음악을 듣는다.　　　그녀는 음악을 듣니?

04) 他写汉字。　➡　_____

tā xiě hànzì

그는 한자를 쓴다.　　　그는 한자를 쓰니?

4. 알맞은 위치에 不를 넣어 긍정문을 부정문으로 바꾸세요.

01) 我吃饭。　➡　_____

wǒ chīfàn

나는 밥을 먹는다.　　　나는 밥을 먹지 않는다.

02) 他下午回家。　➡　_____

tā xiàwǔ huíjiā

그는 오후에 집에 간다.　　　그는 오후에 집에 가지 않는다.

03) 我们去学校。　➡　_____

wǒmen qù xuéxiào

우리는 학교에 간다.　　　우리는 학교에 가지 않는다.

04) 她学汉语。　➡　_____

tā xué Hànyǔ

그녀는 중국어를 배운다.　　　그녀는 중국어를 배우지 않는다.

MEMO

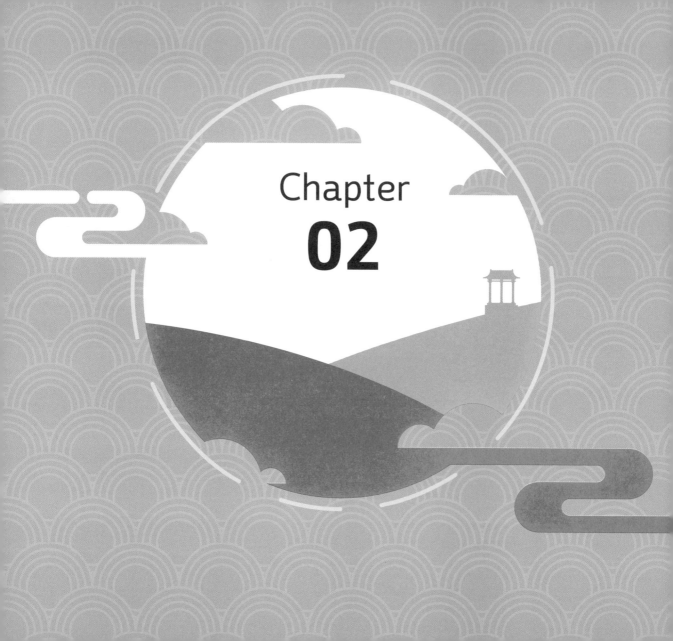

Chapter
02

나이가 어떻게 되세요?

어느 나라 사람인가요?

가족이 몇 명이에요?

집에 계신가요?

[실력다지기 02]

二章

04 你今年多大?

나이가 어떻게 되세요?

A 认识你很高兴。
rènshi nǐ hěn gāoxìng

당신을 알게 되어 기쁩니다.

B 我也很高兴认识你。
wǒ yě hěngāoxìng rènshi nǐ

나도 당신을 알게 되어 아주 기뻐요.

A 请问,你今年多大?
qǐngwèn nǐ jīnnián duōdà

실례지만 올해 나이가 어떻게 되세요?

B 我今年三十一(岁)。
wǒ jīnnián sānshíyī(suì)

저는 올해 서른 한 살입니다.

부사 也 [yě] ~도, 역시

我**也很**高兴。
wǒyě hěn gāoxìng

저**도 매우** 기뻐요.

这件衣服**也很**漂亮。
zhèjiàn yīfu yě hěn piàoliang

이 옷**도 아주** 예쁘다.

他也很高。 　　그도 아주 키가 크다.
tā yě hěn gāo

她也喜欢你。 　　그녀도 너를 좋아해.
tā yě xǐhuan nǐ

구조조사 的 [de] ~의, ~한, ~것

的는 함께 쓰이는 수식어에 따라 다른 뜻으로 해석됩니다.

명사, 대명사 (-의, -것)	他是我的中国朋友。 tā shì wǒde zhōngguó péngyou	그는 **나의** 중국 친구이다.
	这是我的。 zhè shì wǒde	이것은 **나의 것** 이다.
동사, 형용사 (-은/-는, -한)	他是我最喜欢的朋友。 tā shì wǒ zuì xǐhuande péngyou	그는 내 **가장 좋아하는** 친구이다.
	他是很聪明的学生。 tā shì hěn cōngmíngde xuésheng	그는 (아주) **똑똑한** 학생이다.

나이 묻기 **你多大** [nǐ duōdà] **?** 나이가 어떻게 되세요?

나이를 묻는 일반적인 표현은 你今年多大nǐ jīnnián duōdà? 입니다. 어른들의 연세는 多大岁数duōdà suì shù? 혹은 多大年纪duōdà niánji? 라고 묻는 게 기본이며 열 살 미만의 어린아이의 나이는 你几岁nǐ jǐsuì ?로 묻는 것이 좋습니다.

你**多大了**?　　　　너 **몇** 살이니?
nǐ duōdà le

您今年**多大岁数**?　　올해 **연세**가 어떻게 되시나요?
nín jīn nián duō dà suì shù

你的孩子今年**几岁**?　당신의 아이는 올해 **몇** 살이죠?
nǐde háizi jīnnián jǐsuì?

〉〉〉 **数字 숫자**

1	2	3	4	5	6	7	8	9	10	0	백	천	만	억
一	二	三	四	五	六	七	八	九	十	零	百	千	万	亿
yī	èr	sān	sì	wǔ	liù	qī	bā	jiǔ	shí	líng	bǎi	qiān	wàn	yì

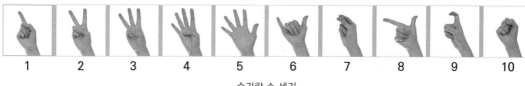

1　2　3　4　5　6　7　8　9　10

손가락 수 세기

[숫자 0의 읽기]

1) 407이나 2008등 숫자처럼 숫자와 숫자 사이에 0이 있는 경우에는 0의 개수에 상관없이 零을 한 번 읽어주는게 맞다. 107 一百零七, 2008 二千零八 혹은 两千零八 라고 읽는다.

2) 150이나 8900처럼 끝에 0이 있는 경우에는 생략이 가능하다. 150 一百五, 8900 八千九 라고 읽는다.

3) 90700 같은 경우에는 9와 7 사이에 있는 0은 읽어주나 뒤에 0은 생략이 불가하다. 90700 九万零七百 (○), 90700 九万零七 (×) 는 90007 이기 때문에 뒤에 0은 생략할 수 없다.

[숫자 0의 읽기]

1) 10이하의 수를 셀 때에는 二èr로 읽는다.

2) 수량을 세는 경우나 시간을 말하는 등 뒤에 양사가 붙는 경우에는 两liǎng으로 읽는다.

예) 两个liǎng gè , 两岁liǎng suì , 两点liǎng diǎn , 两天liǎng tiān …

띠 묻기 你属什么 [nǐ shǔ shénme] ? 무슨 띠세요?

중국도 한국과 마찬가지로 십이지간지에 따라 띠가 정해집니다. 중국 사람에게 나이 대신 띠를 물어보면 더 쉽게 친해질 수도 있습니다. 띠를 묻는 표현은 你属什么?이며, '무엇(무슨 띠)에 속하니?' 라고 해석할 수 있습니다.

A 你属什么?
nǐ shǔ shénme
너는 **무슨 띠니**?

B 我属猪。
wǒ shǔ zhū
나는 **돼지띠**야.

쥐	소	호랑이	토끼	용	뱀	말	양	원숭이	닭	개	돼지
鼠 shǔ	牛 niú	虎 hǔ	兔 tù	龙 lóng	蛇 shé	马 mǎ	羊 yáng	猴 hóu	鸡 jī	狗 gǒu	猪 zhū

05 你是哪国人?

어느 나라 사람인가요?

A 你是哪国人?
nǐshì nǎguórén
어느 나라 사람인가요?

B 我是韩国人。
wǒshì hánguórén
저는 한국인입니다.

A 他是谁?
tā shì shuí
그는 누구인가요?

B 他是我爸爸。
tāshì wǒ bàba
그는 제 아버지입니다.

국적 말하기 **我是韩国人** [wǒshì hán guó rén] 저는 한국 사람입니다

외국에 나가거나 혹은 외국인과 만나면 흔히 자기소개를 할 일이 많은데 가장 먼저 나를 '한국인'이라고
소개할 것입니다.

나라, 국적 표현

A 你是哪国人?
nǐshì nǎguórén
너는 **어느 나라 사람**이니?

B 我是韩国人。
wǒshì hán guó rén
나는 **한국 사람**이야.

A 你不是美国人吗?
nǐ búshì měiguórén ma
너는 미국사람**이 아니**니?

B 不是, 我是德国人。
búshì wǒshì déguó rén
아니야, 난 **독일 사람**이야.

특정의문사 谁 [shuí] 누구

A 他是谁?
tā shì shuí?
그는 누구니?

B 他是我朋友。
tā shì wǒ péng you
그는 내 친구야.

||||| 세계 각 나라 이름

한국	韩国 hán guó	캐나다	加拿大 jiā ná dà
미국	美国 měi guó	이탈리아	意大利 yì dà lì
독일	德国 dé guó	일본	日本 rì běn
프랑스	法国 fǎ guó	중국	中国 zhōng guó

'**나는 ○○나라 사람이야**'라고 표현 할 때에는 나라 명 뒤에 사람 人을 붙여주면 됩니다.

예) 한국+사람 **韩国+人**/독일+사람 **德国+人**/…

정반의문문 A**不**A ~이니 아니니?

정반의문문이란 긍정형과 부정형을 나열하는 것만으로도 **의문문**이 되는 것을 말합니다. 긍정을 부정으로 바꿀 때 문장에 있는 동사나 형용사를 부정부사 不나 没로 합니다. 不bù는 현재/미래의 부정을, 没 méi는 과거의 부정을 나타냅니다.

일반의문문 → 정반의문문 **주어 + 술어吗? → 주어 + 술어不술어?**

你 + 吃**吗**?
nǐ   chīma
너는 먹을래?

➡ 你 + **吃不吃**?
nǐ   chī bù chī
너는 **먹을래 안 먹을래**?

房间 + 大**吗**?
fángjiān   dàma
방이 크니?

➡ 房间 + **大不大**?
fángjiān   dà bú dà
방이 **크니 안 크니**?

你 + 累**吗**?
nǐ   lèi ma
너는 피곤**하니**?

➡ 你 + **累不累**?
nǐ   lèi bú lèi
너는 **피곤해 안 피곤해**?

你 + 是 + 美国人**吗**?
nǐ   shì   měiguórén ma
너는 미국인**이니**?

➡ 你 + **是不是** + 美国人?
nǐ   shì bú shì   měiguórén
너는 미국인이 **맞니 아니니**?

他们 + 去 + 公司**吗**? ➡ 他们 + **去不去** + 公司?

tāmen　　qù　　gōngsī ma　　　　　　　tāmen　　qùbúqù　　gōngsī

그들은 회사에 가<u>니</u>?　　　　　　　　그들은 회사에 **가니 안 가니**?

특정의문문 **什么** [shénme] 무슨, 무엇

'누구', '어디', '언제', '무엇'등과 같은 **특정한 것에 대한 질문을 나타내는 의문사**를 말합니다.

A 这是**什么**?

zhèshì shénme

이것은 **무엇이니**?

B 这是**你的礼物**。

zhèshì nǐde lǐwù

이것은 **너의 선물**이야.

A 你看**什么**?

nǐ kàn shénme

너 **무엇**을 보니?

B 我看**书**。

wǒ kàn shū

나는 **책**을 본다.

TIP
특정의문문에 대답할 때에는 의문문의 위치에 해당한 대답을 넣어주기만 하면 되며 대개 한 개의 의문문에는 보통 한 개의 의문사가 들어간다.

예) 你是哪国人吗? (×) ➡ 你是哪国人? (○)

위 예문에 **哪**(어느)라는 특정의문사가 이미 사용 되었으므로 의문을 나타내는 의문사 **吗**를 중복하여 쓰지 않는다.

수량 묻기 几 [jǐ] 몇 / 多少 [duōshǎo] 얼마

几는 10미만의 수량의 경우 또는 시간, 날짜, 요일 등 한정된 숫자에 관련된 질문에 할 수 있으나 뒤에 반드시 양사가 필요합니다.

你有**几个**孩子?　　자녀가 **몇 명**이세요?
nǐ yǒu jǐgè háizi

你买了**几本**书?　　당신은 책을 **몇 권** 샀나요?
nǐ mǎile jǐběn shū

你妹妹**几岁**?　　너의 여동생은 **몇 살**이니?
nǐ mèimei jǐsuì

多少는 보통 10이상의 큰 수를 세는 데 쓰이며 뒤에 양사가 없어도 됩니다.

你们班有**多少**(个)学生?　　너희 반에는 학생이 **몇** (명)이니?
nǐmenbān yǒu duōshǎo (gè) xuésheng

你们公司有**多少**职员?　　너희 회사에는 직원이 **얼마나** 있니?
nǐmen gōngsī yǒu duōshǎo zhíyuán

昨天来了**多少**人?　　어제 사람이 **얼마나** 왔어?
zuótiān láile duōshǎo rén

06 你家有几口人?

가족이 몇 명이에요?

A 你家有几口人?
nǐ jiāyǒu jǐkǒu rén

당신은 가족이 몇 명이에요?

B 三口人。
sānkǒu rén

세 식구입니다.

A 你家有什么人?
nǐjiā yǒu shénme rén

가족구성은 어떻게 되나요?

B 爸爸,妈妈和我。
bàba māma hé wǒ

아빠, 엄마와 저예요.

A 你爸爸做什么工作?
nǐ bàba zuò shénme gōngzuò

아버님은 무슨 일을 하시나요?

B 他是公司职员。
tāshì gōngsī zhíyuán

그는 회사원입니다.

A 你家有**几口人**?
nǐ jiāyǒu jǐkǒu rén

당신은 가족이 **몇 명**이에요?

B **三口人**。
sānkǒu rén

세 식구입니다.

||||| 다양한 호칭 ----------

엄마	아빠	형/오빠	언니/누나	여동생	남동생
妈妈 māma	爸爸 bàba	哥哥 gēge	姐姐 jiějie	妹妹 mèimei	弟弟 dìdi
친할아버지	**친할머니**	**외할아버지**	**외할머니**	**배우자**	**나**
爷爷 yéye	奶奶 nǎinai	老爷 lǎoye	姥姥 lǎolao	爱人 àirén	我 wǒ

직업 묻기 **你做什么工作** [nǐ zuò shénme gōngzuò] **? 무슨 일 하세요?**

A 你做**什么工作**?
nǐ zuò shénme gōngzuò

당신은 **무슨 일**을 하세요?

B 我是**演员**。
wǒ shì yǎnyuán

저는 **연기자**입니다.

C 我是<mark>老师</mark>。 저는 <u>선생님</u>입니다.
wǒ shì lǎoshī

|||| **다양한 직업명**

선생님	학생	교수	의사	사장	대통령
老师 lǎoshī	学生 xuésheng	教授 jiàoshòu	医生 yīshēng	老板 lǎobǎn	总统 zǒngtǒng
가수	**회사원**	**배우, 연기자**	**변호사**	**집돌이**	**집순이**
歌手 gēshǒu	公司职员 gōngsīzhíyuán	演员 yǎnyuán	律师 lǜshī	宅男 zháinán	宅女 zháinǚ
대학생	**고등학생**	**중학생**	**초등학생**	**유학생**	
大学生 dà xuésheng	高中生 gāozhōngshēng	中学生 zhōng xuésheng	小学生 xiǎo xuésheng	留学生 liú xuésheng	职业

07 在家吗?

집에 계신가요?

A 你下午在家吗?
nǐ xiàwǔ zàijiā ma

당신은 오후에 집에 있나요?

B 不,我下午去图书。
bù wǒ xiàwǔ qù túshūguǎn

아니요, 저 오후에 도서관에 갑니다.

A 你有女朋友吗?
nǐ yǒu nǚ péng you ma

여자 친구가 있나요?

B 我没有女朋友。
wǒ méiyǒu nǚpéngyou

난 여자 친구가 없어요.

존재동사 **在** [zài] ~에 있다

'있다'라는 의미로 '존재 한다'라는 뜻을 가지고 있으며 사물에는 사용하지 않고 주로 사람에 사용됩니다.

A 你在哪儿?
nǐ zài nǎér

너 **어디에** 있니?

B 我在家。
wǒ zàijiā

나 **집에** 있어.

긍정문과 부정문의 비교

	在+장소 : ~에 있다	不在+장소 : ~에 있지 않다
你在家吗? nǐzàijiā ma 너 **집에 있니?**	我在家。 wǒzài jiā 나 **집에 있어.**	我不在家。 wǒbúzài jiā 나 **집에 없어.**
他们在学校吗? tāmen zài xuéxiào ma 그들은 **학교에 있니?**	他们在学校。 tāmen zài xué xiào 그들은 **학교에 있어.**	他们不在学校。 tāmen búzài xuéxiào 그들은 **학교에 없어.**
老师在办公室吗? lǎoshī zài bàn gōng shì ma 선생님은 **사무실에 계시니?**	老师在办公室。 lǎoshī zài bàn gōng shì 선생님은 **사무실에 계셔.**	老师不在办公室。 lǎoshī búzài bàn gōng shì 선생님은 **사무실에 안 계셔.**
学生们在教室吗? xuéshengmen zài jiàoshìma 학생들은 **교실에 있니?**	学生们在教室。 xuéshengmen zài jiàoshì 학생들은 **교실에 있다.**	学生们不在教室。 xuéshengmen búzài jiàoshì 학생들은 **교실에 없다.**

소유동사 **有** [yǒu] 있다

有yǒu : 있다		没有méi yǒu : 없다	
你有车吗? nǐyǒu chēma	너는 차가 **있니**?	我没有车。 wǒméiyǒu chē	나는 차가 **없어**.
你有汉语书吗? nǐyǒu hànyǔshūma	너는 중국어 책이 **있니**?	我没有汉语书。 wǒméiyǒu hànyǔshū	나는 중국어 책이 **없어**.
你有手机吗? nǐyǒu shǒujīma	너는 휴대폰이 **있니**?	我没有手机。 wǒméiyǒu shǒujī	나는 휴대폰이 **없어**.
你有时间吗? nǐ yǒu shíjiān ma?	너는 시간이 **있니**?	我没有时间。 wǒméiyǒu shíjiān	나는 시간이 **없어**.

부정부사에는 크게 不bù와 没méi/没有méiyǒu 두 가지로 나눌 수 있는데 有의 부정문은 不가 아닌 没로만 한다는 중요한 특징이 있습니다.

不는 현재나 미래를 부정하며 '아니다' 또는 '안 한다'라는 뜻을 가지고 있고 没는 과거를 부정하며 '없다' 또는 '안했다'라는 뜻을 가지고 있습니다.

판단동사 **是** [shì] ~이다

是shì는 'A는 B이다'로 해석되는 동사이며 주어와 목적어가 동일한 관계임을 나타냅니다. 따라서 부정의 형태 不是búshì는 주어와 목적어의 불일치를 의미하는 'A는 B가 아니다' 라는 의미를 나타냅니다.

긍정문 주어 + 是 + 목적어

他**是**学生。　　그는 학생**이다.**
tā shì xuésheng

她们**是**老师。　그녀들은 선생님**이다.**
tāmen shì lǎoshī

부정문 주어 + 不是 + 목적어

我**不是**经理。　나는 사장이 **아니다.**
wǒ búshi jīnglǐ

他们**不是**爸爸。　그들은 아빠가 **아니다.**
tāmen búshi bàba

반문의문문 ~**不是** [búshì] ~**吗** [ma] **?** 아니니?

是shì는 'A는 B이다'로 해석되는 동사이며 주어와 목적어가 동일한 관계임을 나타냅니다. 따라서 부정의
형태 不是búshi는 주어와 목적어의 불일치를 의미하는 'A는 B가 아니다' 라는 의미를 나타냅니다.

今天**不是**星期天**吗?**
jīntiān búshì xīngqītiān ma

오늘은 일요일이 아니니?

你**不是**中国人**吗?**
nǐ búshì zhōngguórén ma

너는 중국사람 아니니?

긍정의문문과 부정의문문의 비교

주어 + 是 + 목적어吗?		주어 + 不是 + 목적어吗?	
他是大学生吗? tā shì dà xuésheng ma	그는 대학생**이니**?	他不是大学生吗? tā búshì dà xuésheng ma	그는 대학생이 **아니니**?
他们是老师吗? tāmen shì lǎoshī ma	그들은 선생님**이니**?	他们不是老师吗? tāmen búshì lǎoshī ma	그들은 선생님이 **아니니**?
她是你妈妈吗? tā shì nǐ māma ma	그녀는 너의 엄마**시니**?	她不是你妈妈吗? tā búshì nǐ māma ma	그녀는 너의 엄마가 **아니니**?
我们是好朋友吗? wǒmen shì hǎopéngyǒu ma	우리는 좋은 친구**니**?	我们不是好朋友吗? wǒmen búshì hǎopéngyǒu ma	우리는 좋은 친구가 **아니니**?

Chapter 02

실력 다지기 02

1. 단어

뜻	중국어	병음
① 알다		
② 기쁘다		
③ 어느 나라 사람이니?		
④ 나는 한국인이다		
⑤ 친구		
⑥ 학생		
⑦ 자동차		
⑧ 휴대폰		
⑨ 책		
⑩ 집		

2. 아래 숫자를 읽고 써보세요.

01) 14   ➡ _____

02) 720   ➡ _____

03) 3,070   ➡ _____

04) 60,002   ➡ _____

05) 5,800,000   ➡ _____

3. 다음 문장의 뜻을 보고 알맞은 단어를 넣어 완성하세요.

01) 이것은 커피이다.   ➡ 这 _____ 咖啡kāfēi。

02) 이것은 펜이 아니다.   ➡ 这 _____ 笔bǐ。

03) 이것은 초콜릿이다.   ➡ 这 _____ 巧克力qiǎokèlì。

04) 이것은 우유가 아니다.   ➡ 这 _____ 牛奶niúnǎi。

05) 나는 식당에 가지 않아.   ➡ 我 _____ 饭店fàndiàn。

06) 나는 학교에 간다.   ➡ 我 _____ 学校xuéxiào。

07) 나는 회사에 가지 않는다.   ➡ 我 _____ 公司gōngsī。

08) 나는 미국에 가지 않는다. ➡ 我 _____ 美国_{měiguó} 。

4. 在와 有중에서 알맞은 동사를 골라 빈칸에 넣으세요.

01) 他（　　　）学校。　　　　그는 학교에 있어요.

02) 房间里（　　　）床。　　　방 안에 침대가 있어요.

03) 我（　　　）家看电视。　　난 집에서 TV를 보고 있어요.

04) 冰箱里（　　　）可乐。　　냉장고 안에 콜라가 있어요.

05) 我家（　　　）电脑。　　　우리 집에는 컴퓨터가 있어요.

06) 我钱包里（　　　）钱。　　내 지갑 안에는 돈이 있다.

07) 我（　　　）美国朋友。　　나는 미국친구가 있다.

08) 我朋友（　　　）美国。　　내 친구는 미국에 있다.

단어

学校 xuéxiào 학교 ┃ 房间 fángjiān 방 ┃ 床 chuáng 침대 ┃ 电视 diànshì TV ┃ 冰箱 bīngxiāng 냉장고
可乐 kělè 콜라 ┃ 电脑 diànnǎo 컴퓨터 ┃ 钱包 qiánbāo 지갑

5. 아래 질문을 보고 알맞은 답을 쓰세요.

01) 你是哪国人?
nǐ shì nǎguórén

➡ _____

02) 他在哪儿?
tā zài nǎr

➡ _____

03) 你有钱吗?
nǐ yǒu qián ma

➡ _____

04) 你家有几口人?
nǐ jiāyǒu jǐ kǒu rén

➡ _____

05) 这是什么?
zhè shì shénme

➡ _____

06) 你今年多大?
nǐ jīnnián duō dà

➡ _____

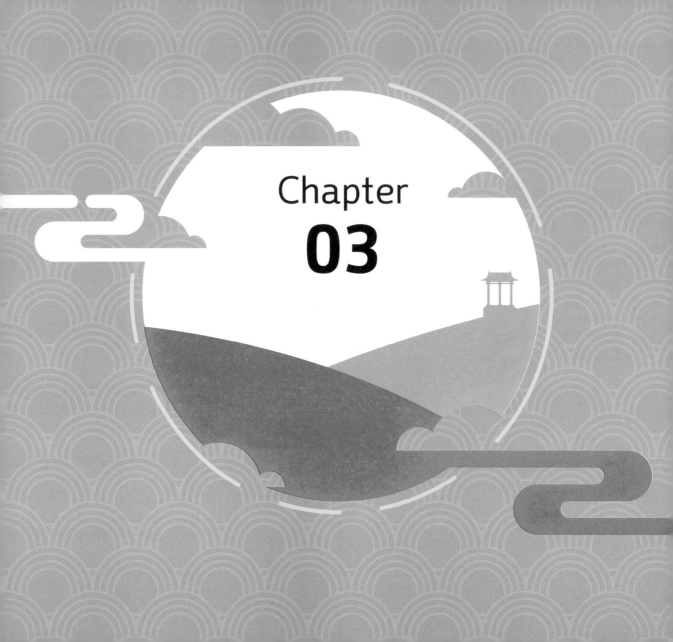

Chapter
03

지금 몇 시인가요?

오늘 몇 월 며칠인가요?

뭐 하고 있어요?

베이징 호텔 어떻게 가나요?

[실력다지기 03]

08 现在几点?

지금 몇 시인가요?

A 现在几点?
xiànzài jǐ diǎn

지금 몇 시에요?

B 现在一点十分。
xiànzài yīdiǎn shífēn

지금 1시 10분이에요.

A 两点我们去图书馆,好吗?
liǎngdiǎn wǒmen qù túshūguǎn, hǎoma

2시에 도서관 가는 거 어때요?

B 好吧。
hǎoba

좋아요.

시간묻기 现在几点了 [xiàn zài jǐ diǎn le] **?** 지금 몇 시인가요?

시, 분, 초는 각각 点diǎn, 分fēn, 秒miǎo라고 하며 맨 뒤의 단위는 상황에 따라 생략이 가능합니다.

2시 05분	两点零五分 liǎng diǎn língwǔfēn	6시 55분	差五分七点 chà wǔfēn qīdiǎn 六点五十五分 liù iǎn wǔshíwǔ fēn
9시 15분	九点一刻 jiǔdiǎn yíkè 九点十五分 jiǔdiǎn shíwǔ fēn	8시 30분	八点半 bādiǎn bàn 八点三十分 bādiǎn sānshí fēn
8시 45분	差一刻九点 chà yíkè jiǔdiǎn 差十五分九点 chà shíwǔ fēn jiǔdiǎn 八点三刻 bādiǎn sānkè 八点四十五分 bādiǎn sìshíwǔ fēn	12시쯤	大概十二点 dàgài shíèr diǎn 十二点左右 shíèr diǎn zuǒyòu

- 点 diǎn : 시. 시간을 나타내는 시의 단위.
- 分 fēn : 분. 시간의 분을 나타내는 단위.
- 刻 kè : 15분. 영어에서의 Quarter과 같은 의미를 나타내는 단위.
- 半 bàn : 30분. 반 혹은 30분을 나타내는 단위.

시량사 **날짜, 시간 관련 용어**

지속된 시간의 양을 나타내는 단어를 시량사라고 합니다.

半个小时
bàngè xiǎoshí
30분간

➡ **半个小时以后见面。**
bàngè xiǎoshí yǐhòu jiànmiàn
30분 이후에 만난다.

半天
bàntiān
한나절, 한참

➡ **我等了你半天。**
wǒděng le nǐ bàntiān
나는 너를 한참 기다렸어.

一天
yìtiān
하루, 1일

➡ **小学生一天学习五个小时。**
xiǎoxuésheng yìtiān xuéxí wǔgè xiǎoshí
초등학생은 하루에 5시간 공부를 한다.

两天
liǎngtiān
이틀

➡ **我两天前回国了。**
wǒ liǎngtiān qián huíguóle
난 이틀 전에 귀국했다.

TIP 여기서 半天bàntiān은 한참, 한나절 이라는 뜻으로 오랫동안, 한참동안을 나타낼 때 쓰는 표현이다.

09 今天几月几号?

오늘 몇 월 며칠인가요?

A 今天几月几号?
jīntiān jǐ yuè jǐ hào
오늘 몇 월 몇일 인가요?

B 今天三月十六号。
jīntiān sānyuè shíliù hào
오늘은 3월 16일이에요.

A 今天星期几?
jīntiān xīngqī jǐ
오늘 무슨 요일인가요?

B 今天星期天。
jīntiān xīngqī tiān
오늘은 일요일이에요.

날짜 묻기 **今天几月几号** [jīntiān jǐ yuè jǐ hào]? 오늘 몇 월 몇일이죠?

중국어의 날짜를 말하는 순서는 한국어와 똑같으며 년, 월, 일은 年nián, 月yuè, 日rì라고 하는데, 구어에서는 日rì 대신 号hào를 많이 씁니다.

A 你的生日几月几号? 생일이 몇 월 며칠이에요?
nǐde shēngrì jǐ yuè jǐ hào

B 十二月九号。   12월 9일입니다.
shí'èr yuè jiǔ hào

요일 묻기 星期几 [xīngqī jǐ] **?** 무슨 요일이죠?

'요일'이라는 의미의 星期xīngqī뒤에 '몇'이라는 의문사 几를 붙여서 '星期几?'라고 합니다.

A 今天星期几?   오늘 무슨 요일이지?
jīntiān xīngqī jǐ

B 今天星期六。   오늘 토요일이야.
jīntiān xīngqī liù

||||| **다양한 요일의 표현방법**

월요일	화요일	수요일	목요일	금요일	토요일	일요일	
星期一 xīngqīyī	星期二 xīngqī'èr	星期三 xīngqīsān	星期四 xīngqīsì	星期五 xīngqīwǔ	星期六 xīngqīliù	星期天 xīngqītiān	星期日 xīngqīrì
周一 zhōuyī	周二 zhōu'èr	周三 zhōusān	周四 zhōusì	周五 zhōuwǔ	周六 zhōu liù	周天 zhōu tiān	周日 zhōu rì
礼拜一 lǐbài yī	礼拜二 lǐbài èr	礼拜三 lǐbài sān	礼拜四 lǐbài sì	礼拜五 lǐbài wǔ	礼拜六 lǐbài liù	礼拜天 lǐbài tiān	礼拜日 lǐbài rì

星期외에도 위와 같이 周zhōu 혹은 礼拜lǐbài 등 다양한 표현방법이 있다.

일, 주, 월, 년 표기법

그저께	어제	오늘	내일	모레	지난 주	이번 주	다음 주
前天 qiántiān	昨天 zuótiān	今天 jīntiān	明天 míngtiān	后天 hòutiān	上(个)星期 shàng(ge)xīngqī	这(个)星期 zhè(ge)xīng qī	下(个) 星期 xià(ge)xīngqī
재작년	작년	올해	내년	내후년	지난 달	이번 달	다음 달
前年 qiánnián	去年 qùnián	今年 jīnnián	明年 míngnián	后年 hòunián	上个月 shànggeyuè	这个月 zhègeyuè	下个月 xiàgeyuè

10 你正在做什么?

뭐 하고 있어요?

A 你正在做什么?
nǐ zhèngzài zuò shénme

지금 뭐하고 있어요?

B 我在准备去旅游。
wǒ zài zhǔnbèi qù lǚyóu

여행 갈 준비를 하고 있어요.

A 什么时候去旅游?
shénme shíhou qù lǚyóu

언제 여행 가나요?

B 周末去上海见朋友。
zhōumò qù shànghǎi jiàn péngyou

주말에 상하이에 친구 만나러 가요.

현재진행형 **正在** [zhèngzài] / **在** [zài] / **正** [zhèng] ~하는 중

어떤 동작이 현재진행중임을 나타내려면 正在+동작+(呢)의 형태로 쓸 수 있습니다.

> **我正在接电话呢。** 나 <u>전화 받는 중</u>이야.
> *wǒ zhèngzài jiēdiànhuà ne*

他**在**看报纸**呢**。
tā zài kàn bào zhǐ ne

그는 지금 **신문을 보고 있어요**.

她**在**睡觉**呢**。
tā zài shuìjiào ne

그녀는 **잠을 자고 있어요**.

小狗**正在**玩儿。
xiǎogǒu zhèngzài wánr

강아지는 **놀고 있는 중**이다.

我们**在**吃饭。
wǒmen zài chīfàn

우리는 **밥을 먹는 중**이다.

他们**正**开会。
tāmen zhèng kāihuì

그들은 **회의 중**이다.

TIP 你在做什么(呢)nǐ zàizuò shénme (ne)?는 구어체로 你在干什么nǐ zài gànshénme?라고도 말할 수 있다.

동태조사 **着** [zhe] ~한 상태

着zhe는 어떤 동작의 '지속성'을 나타내는 구조조사로 동사+着의 형태로 쓰이며 그 동작의 결과가 지속되고 있는 상태를 나타냅니다.

我房间的门**开着**。
wǒ fángjiānde mén kāizhe

내 방 문이 **열려져 있다.** 열려져 있는 방문의 상태

墙上**挂着**一幅画。
qiángshang guàzhe yífù huà

벽에 한 폭의 그림이 **걸려져 있다.** 걸려있는 그림의 상태

我看着她。
wǒ kànzhe tā

나는 그녀를 **보고 있다.** 동작의 지속

洗手间的灯**开着**。
xǐshǒujiānde dēng kāizhe

화장실의 불이 **켜져 있다.** 켜져 있는 불의 상태

外面**下着**雨。
wàimian xiàzhe yǔ

밖에 비가 **내리고 있다.** 비가 내리는 동작의 상태

||||| **동사1 + 着 + 동사2 + (목적어) : ~한 상태로 ~를 한다, ~하면서 ~한다**

두 개의 동사 사이에 着가 오는 경우에는 두 동작이 동시에 진행되는 상태를 나타냅니다.

她**坐着**吃饭。
tā zuòzhe chīfàn

그녀는 **앉아서** 밥을 먹는다.

我**站着**回答问题。
wǒ zhànzhe huídá wèntí

나는 **일어서서** 문제를 대답했다.

妹妹**听着**音乐写作业。　여동생은 음악을 **들으면서** 숙제를 한다.
mèimei tīngzhe yīnyuè xiě zuòyè

11 北京大厦怎么走?

베이징 호텔 어떻게 가나요?

A 请问,北京大厦怎么走?
qǐngwèn, Běijīngdàshà zěnme zǒu

베이징 호텔 어떻게 가나요?

B 前面一直往前走,左拐就是。
qiánmiàn yìzhí wǎngqián zǒu, zuǒguǎi jiùshì

앞으로 쭉 가서 좌회전 하면 됩니다.

A 离这儿远吗?要打车去吗?
lí zhèr yuǎn ma? yào dǎchē qù ma

여기서 멀어요? 택시를 타고 가야 하나요?

B 不远,走路去五分钟就到。
bùyuǎn, zǒulùqù wǔfēnzhōng jiù dào

멀지 않아요, 걸어서 5분이면 도착해요.

수단/방법 묻기 **怎么** [zěnme] **~?** 어떻게 ~하나요?

怎么의 뒤에 해당되는 동사를 넣어서 질문할 수 있습니다.

火车站怎么走? 기차역에 **어떻게 가나요?**
huǒchēzhàn zěnme zǒu

你明天**怎么去**上海?   내일 상하이에 **어떻게 가니**?
nǐ míngtiān zěnmeqù Shànghǎi

我们**怎么回家**?   우리 **어떻게 집에 가지**?
wǒmen zěnme huíjiā

怎么说好?   **어떻게 말하면** 좋을까?
zěnme shuō hǎo

榴莲**怎么吃**?   두리안 **어떻게 먹니**?
liúlián zěnme chī

你**怎么想**?   너는 **어떻게 생각하니**?
nǐ zěnme xiǎng

'어떻게 가나요?'는 怎么走? 怎么去? 두 가지 질문이 모두 가능하나 去는 특정한 목적지를 향해 간다는 의미가 있어서 목적어(목적지 혹은 방향)를 가질 수 있는 반면 走는 '가다' 혹은 '걷다'라는 두 가지 의미가 있으며 목적어를 가질 수 없습니다.

我走上海。 (×) ➡ 我去上海。 (○)
wǒ zǒu Shànghǎi   wǒ qù Shànghǎi

他们走学校。 (×) ➡ 他们去学校。 (○)
tāmen zǒu xuéxiào   tāmen qù xuéxiào

你走哪儿? (×) ➡ 你去哪儿? (○)
nǐ zǒu nǎr   nǐ qù nǎr

방위사

앞, 뒤, 위, 아래 등의 여러 방향을 지시하는 말을 방위사라고 합니다.

동	东 dōng	남	南 nán	동쪽	东边(儿) dōng biānr	남쪽	南边(儿) nán biānr
서	西 xī	북	北 běi	서쪽	西边(儿) xībiānr	북쪽	北边(儿) běi biānr
위	上 shàng	아래	下 xià	위쪽	上边(儿) shàng biānr	아래쪽	下边(儿) xiàbiānr
앞	前 qián	뒤	后 hòu	앞쪽	前边(儿) qián biānr	뒤쪽	后边(儿) hòu biānr
안	里 lǐ	밖	外 wài	안쪽	里边儿 lǐbiānr	바깥쪽	外边儿 wài biānr
좌	左 zuǒ	우	右 yòu	왼쪽	左边(儿) zuǒbiānr	오른쪽	右边(儿) yòu biānr

개사 **离** [lí] **~로부터, ~에서부터** (시간이나 공간상의 간격, 거리)

시간이나 장소, 방향 등을 나타내는 개사(전치사)이며 '출발 지점부터 목적지점까지' 혹은 '시작 시간부터 끝 시간까지'와 같은 시간이나 공간상의 간격 또는 거리를 나타냅니다.

我家**离**学校很远。　　우리 집은 **학교에서** 멀다. 거리
wǒjiā lí xuéxiào hěnyuǎn

我家**离银行**很近。
wǒjiā lí yínháng hěn jìn

우리 집은 **은행에서** 가깝다.

现在**离下课**还有一刻钟。
xiànzài lí xiàkè háiyǒu yíkèzhōng

수업 끝나기까지 아직 15분 남았다. 시간

离下班时间还有十分钟。
lí xiàbānshíjiān háiyǒu shífēnzhōng

퇴근시간까지 10분 남았다.

离我生日还有三天。
lí wǒ shēngrì háiyǒu sāntiān

내 생일까지 3일 남았다. 시간, 공간

 그 외에도 비슷한 의미로 자주 쓰이는 개사(전치사) 从cóng~到dào도 있다.

개사 **从** [cóng] ~ / **到** [dào] ~ ~부터 ~까지 (从은 시간이나 장소의 출발점, 到는 도착점)

从cóng은 시간이나 장소의 출발지점에서부터 목적지점을 나타내며, 离lí는 도착지점으로부터 출발지점을 나타내며, 到dào는 도착지점까지를 나타냅니다.

你**从哪儿**来?
nǐ cóng nǎr lái

당신은 **어디에서** 온 겁니까?

你**到哪儿**去?
nǐ dào nǎr qù

당신은 **어디까지** 갑니까?

我从1点到六点上课。
wǒ cóng yīdiǎn dào liùdiǎn shàngkè

나는 1시**부터** 6시**까지** 수업을 한다.

他每天**从**早**到**晚学习。
tā měitiān cóngzǎo dàowǎn xuéxí

그는 매일 **아침부터 저녁까지** 공부한다.

从上海**到**北京 有多远?
cóng Shànghǎi dào Běijīng yǒu duō yuǎn

상하이**에서** 베이징**까지** 거리가 얼마나 멀어?

从你家**到**我家 要多长时间?
cóng nǐjiā dào wǒjiā yào duōcháng shíjiān

너의 집**부터** 우리 집**까지** 시간이 얼마나 걸려?

개사 **往** [wǎng] / **向** [xiàng] ~를 향해, ~쪽으로

동작의 방향을 지시하는 경우에 흔히 쓰이는 개사(전치사)입니다.

‖‖‖ **往** wǎng : **~쪽으로**

请**往**里进!
qǐng wǎnglǐ jìn

안으로 들어오세요!

一直**往**前走。
yìzhí wǎng qián zǒu

앞쪽**으로** 곧장 (걸어)가세요.

前面十字路口**往**左拐。
qiánmiàn shízìlùkǒu wǎngzuǒ guǎi

앞쪽 교차로에서 좌(**측으로**)회전 하세요.

IIIII **向** xiàng : ~를 향해

向我跑!
xiàngwǒ pǎo

나를 **향해** 달려!

向右看!
xiàngyòu kàn

오른쪽을 (**향해**) 보세요!

我**向**您道歉。
wǒ xiàng nín dàoqiàn

제가 당신**에게** 사과드립니다.

명사술어문 **A是** [cóng] **A** A는 A이다

서술어가 없고 '명사+명사'의 구조로 이루어진 문장을 **명사술어문**이라고 합니다. 국적표현이나 날짜, 나이, 요일, 가격 등 숫자로 특정표현을 하는 경우에는 동사 是를 생략할 수 있습니다.

今天(**是**)六月二十四号。
jīntiān(shì) liùyuè èrshísì hào

오늘은 6월 24일입니다

我二十三岁。
wǒ èrshísān suì

저는 스물세 살입니다.

他韩国人。
tā hánguórén

그는 한국인입니다.

我北京人。 저는 베이징사람입니다.
wǒ Běijīng rén

그러나 부정문에서는 절대 不是búshì를 생략할 수 없습니다.

他不是韩国人。 그는 한국인이 **아닙니다**.
tā búshì hánguórén

今天不是星期天。 오늘은 일요일이 **아닙니다**.
jīntiān búshì xīngqītiān

我不是十六岁。 나는 16살이 **아닙니다**.
wǒ búshì shíliùsuì

MEMO

Chapter 03

실력 다지기 03

1. 단어

뜻	중국어	병음
① 몇 시입니까?		
② 도서관		
③ 일요일		
④ ~로부터		
⑤ 한 시간		
⑥ 지금, 현재		
⑦ ~하는 중이다 (현재진행형)		
⑧ ~이다		
⑨ ~한 상태이다 (지속)		
⑩ 왼쪽		

2. 시간을 보고 다양한 표현을 중국어로 적으세요.

01) 8:10 ➡ ① _____

02) 12:15 ➡ ① _____　② _____

03) 21:55 ➡ ① _____　② _____

04) 11:30 ➡ ① _____　② _____

05) 19:45 ➡ ① _____　② _____

　　　　　　③ _____　④ _____

3. 아래 문장을 보고 正在 혹은 着를 넣어 현재 진행의 문장을 완성하세요.

01) 他（　　　　　）吃饭。　　02) 他们（　　　　　）开会。

03) 房间的门开（　　　　　）。　　04) 妹妹（　　　　　）接电话。

05) 她（　　　　　）看书。　　06) 教室里的灯开（　　　　　）。

07) 你在家等（　　　　　）我。　　08) 我（　　　　　）睡觉。

단어

开会 kāihuì 회의를 하다 | 房间 fángjiān 방 | 接 jiē (전화를)받다 | 教室 jiàoshì 교실 | 灯 dēng 등, 램프 | 睡觉 shuìjiào (잠을) 자다 | 钱包 qiánbāo 지갑

4. 알맞은 질문과 답을 연결하세요.

01) 今天几月几号?　　　　　·

02) 现在几点?　　　　　　　·

03) 今天星期几?　　　　　　·

04) 明天我们去玩儿,怎么样?　·

05) 你正在做什么?　　　　　·

06) 请问,北京站怎么去?　　　·

· ⓐ 今天星期天。

· ⓑ 现在八点二十。

· ⓒ 银行对面就是。

· ⓓ 我正在看报纸bàozhǐ。

· ⓔ 今天三月二十六号。

· ⓕ 好啊!

5. 알맞은 단어들을 골라서 문장을 완성하세요.

星期	这些	见	点	半	人
xīngqī	zhèxiē	jiàn	diǎn	bàn	rén

01) 我是韩国 (　　　　)。

02) 现在几 (　　　　) ?

03) 今天 (　　　　) 几?

04) 我们一点 (　　　　) 见。

05) (　　　　) 是你的吗?

06) 我去上海 (　　　　) 朋友。

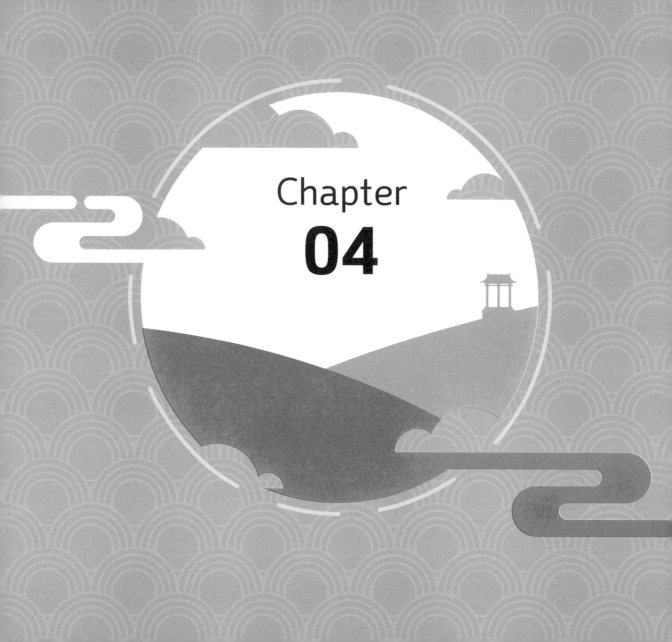

Chapter
04

오늘 날씨 어때요?

걱정하지 마세요

얼마인가요?

한 번 들어 보세요

[실력다지기 04]

四章

12 今天天气怎么样?

오늘 날씨 어때요?

A 今天天气怎么样?
jīntiān tiānqì zěnmeyàng

오늘 날씨 어때요?

B 刮大风,天阴了。
guā dàfēng, tiān yīnle

바람이 세게 불고, 날이 흐려요.

A 外面开始下雨了。
wàimiàn kāishǐ xiàyǔle

밖에 막 비가 오기 시작했어요.

B 真的吗?我没带伞。
zhēndema wǒ méi dài sǎn

정말? 나 우산을 안 가지고 왔는데.

특정의문문 **怎么样** [zěnmeyàng] **?** 어떠한가?

사람이나 혹은 사물 등 무언가의 상태나 정도에 대해서 물어볼 때 사용되는 의문사입니다.

天气**怎么样**? 날씨 **어때**?
tiānqì zěnmeyàng

你最近身体怎么样?
nǐ zuìjìn shēntǐ zěnmeyàng

너 요즘 건강이 **어떠니**?

这件衣服怎么样?
zhèjiàn yīfu zěnmeyàng

이 옷 **어때**?

이러한 상황이나 또는 상태에 대한 '어떠한가'라는 질문에는 대답도 상황별로 바뀔 수 있습니다.

衣服很好看。
yī fu hěn hǎo kàn

옷이 **아주 예뻐**.

我很好,你呢?
wǒ hěn hǎo, nǐ ne

난 **아주 좋아**, 넌?

||||| **날씨에 관련된 다양한 표현** ----------------------------------

刮大风。 guā dàfēng	바람이 세게 불어요.	今天多少度? jīntiān duōshǎo dù	오늘 온도가 몇 도인가요?
明天下大雨。 míngtiān xià dàyǔ	내일 많은 비가 와요.	昨天很暖和。 zuótiān hěn nuǎnhuo	어제는 따듯했어요.
外边下雪了。 wàibiān xiàxuěle	밖에 눈이 와요.	今天不冷,很凉快。 jīntiān bùlěng hěn liángkuai	오늘은 춥지 않고, 시원하네요.

그밖에 또 상대방에게 가벼운 제안이나 의견, 동의를 구하는 등의 '~하면 어떨까요?, ~해도 될까요?, ~해도 괜찮을까요?'와 같은 질문을 할 때에도 문장의 끝에 **怎么样**? 을 쓸 수 있습니다.

我们一起去吃饭，**怎么样**?
wǒmen yìqǐ qù chīfàn, zěnmeyàng

우리 같이 가서 밥 먹자, **어때**?
(우리 같이 가서 밥 먹을래?)

我们做朋友，**怎么样**?
wǒ men zuò péng you, zěn me yàng

우리 친구하자, **어때**?
(우리 친구 할래?)

你明天来我家玩儿，**怎么样**?
nǐ míng tiān lái wǒ jiā wáner, zěn me yàng

너 내일 우리 집에 놀러 와, **어때**?
(너 내일 우리 집에 놀러 올래?)

13 别担心。

걱정하지 마세요

A 别担心,我有两把伞,借你一把吧。
bié dānxīn wǒyǒu liǎngbǎ sǎn. jiènǐ yìbǎ ba

걱정 마세요. 저에게 우산 두 개가 있어요. 하나 빌려줄게요.

B 真谢谢你。
zhēn xiè xiè nǐ

정말 고마워요.

부정부사 **别** [bié] ~ ~하지 마라

누군가를 달래주거나 혹은 거절의 표현을 할 때에도 쓸 수 있습니다.

别担心。 걱정하지 마.
bié dānxīn

你**别**哭了。 너 울지 마.
nǐ biékū le

你**别**给我打电话了。　　　너 나한테 전화하지 마.
nǐ bié gěiwǒ dǎdiànhuà le

你**别**再找我了。　　　너 다시는 날 찾지 마.
nǐ bié zài zhǎowǒ le

||||| **别** bié **+ 동사** --

别는 그밖에도 동사의 앞에서 '하지 마라'라는 강한 금지의 표현 또는 명령을 나타내는 **부정부사**로도 쓰입니다. 흔히 어른이 아이에게 행동을 제지시키거나 또는 '싫다'라는 의사를 강하게 표출할 때 사용합니다.

你**别**笑了!　　　너 웃지 마!
nǐ biéxiào le

你**别**吃了!　　　너 먹지 마!
nǐ biéchī le

你**别**玩手机了!　　너 휴대폰 하지 마!
nǐ biéwán shǒujī le

你们**别**打人了!　　너희들 사람 때리지 마!
nǐmen biédǎrén le

 부정부사 '**别**'는 또 '다르다'는 의미도 가지고 있다. 예를 들면 '**别人**(다른 사람)등이 있다.

14 多少钱?

얼마인가요?

A 欢迎光临,您需要什么?
huānyíng guānglín, nín xūyào shénme

어서 오세요! 뭐가 필요하세요?

B 我想买苹果,一斤多少钱?
wǒ xiǎngmǎi píngguǒ, yìjīn duōshǎo qián

사과를 사려고 해요. 한 근에 얼마인가요?

A 一斤三块五(毛)。
yìjīn sānkuàiwǔ (máo)

한 근에 3.5위안입니다.

B 我要四斤,一共多少钱?
wǒyào sìjīn, yígòng duōshǎo qián

4근 주세요. 모두 얼마인가요?

동사 要 [yào] **필요하다, 주세요**

본문의 **需要**xūyào는 '필요하다'는 의미로 **要**yào' 원하다'와 비슷한 의미의 동사입니다.

我**要**新书包。 새 책가방을 **원해**요.
wǒ yào xīn shūbāo

他**要**一本书。　　　그는 책 한권 **필요해**요.
tā yào yìběn shū

我**要**两斤水果。　　　과일 2근 **주세**요.
wǒ yào liǎngjīn shuǐguǒ

조동사 **要** [yào] **+동사** ~할 것이다

'~할거야, ~해야 한다'는 의미를 가진 조동사이며 동사의 앞에 쓰입니다.

我们**要回家**。　　　우리는 **집에 갈 거예**요.
wǒmen yào huíjiā

他**要买**新款手机。　　　그는 최신형 휴대폰을 **살 거예**요.
tā yào mǎi xīnkuǎnshǒujī

我**要**学习汉语。　　　난 중국어 **공부를 할 거에**요.
wǒ yào xuéxí hànyǔ

你**要给我**打电话。　　　너 **나에게** 전화를 **해야 해**.
nǐ yào gěiwǒ dǎdiànhuà

大家**要注意**安全。　　　모두들 안전에 **주의해야 합**니다.
dàjiā yào zhùyì ānquán

你**要**相信我。　너는 나를 **믿어야 해**.
nǐ yào xiāngxìn wǒ

가격 묻기 **多少钱** [duōshǎo qián] **?** 얼마예요?

손님　一共多少钱?　모두 얼마인가요?
　　　yígòng duōshǎo qián

점원　两千三百(块)。　2300위안입니다.
　　　liǎngqiānsānbǎi (kuài)

중국화폐는 런민비(人民币)이며 기본단위를 위안(元yuán)이라고 부르고 元yuán, 角jiǎo, 分fēn이라고 쓰며, 구어체에서는 큰 단위의 순서대로 块kuài, 毛máo, 分fēn이라고 표현합니다.

가격을 표현할 때 금액에 나와 있는 맨 뒤에 있는 단위는 생략이 가능하며, 소수점을 元이라고 생각하고 순서대로 소수점 밑에 단위는 毛, 끝 단위는 分이라 표현하면 됩니다.

3.73元　　三块七毛三(分)
　　　　　sānkuài qīmáo sān (fēn)

86.20元　　八十六块二(毛)
　　　　　bāshíliùkuài èr (máo)

10.01元	十块零一(分)
	shíkuài língyī (fēn)
780元	七百八(十块)
	qībǎibā (shíkuài)
4300元	四千三(百块)
	sì qiān sān (bǎikuài)

|||| **중국돈 환율비교표**

한국돈 원 (KRW)		인민폐 위안 (CNY)
₩10,000	=	¥60.00
₩100,000		¥600.00

 TIP 도표의 환율금액은 실시간 환율과는 차이가 있으며 1만원은 약 60위안에 거래된다.

15 你听一下。

한 번 들어 보세요

A 这个很好听,你听一下。
zhège hěn hǎotīng, nǐ tīng yíxià

이거 아주 듣기 좋아요. 한번 들어보세요.

B 很好听,他是你喜欢的歌手吗?
hěn hǎotīng, tā shì nǐ xǐhuande gēshǒu ma

듣기 좋아요, 그는 당신이 좋아하는 가수인가요?

A 是的,我很喜欢他的歌。
shìde, wǒ hěnxǐhuan tā de gē

맞아요, 전 그의 음악을 좋아해요.

B 我比较喜欢女歌手。
wǒ bǐjiào xǐhuan nǚ gēshǒu

전 여가수를 좋아하는 편이에요.

동사의 중첩 ~해보다

看은 '보다'라는 의미로 긴 시간이나 짧은 시간동안 본다는 의미가 모두 가능하지만 중첩해서 **看看**이라고 하면 '잠깐 보다'로 해석이 되며 비교적 짧은 시간동안 본다는 의미가 됩니다.

동사를 중첩할 때 A는 A(—)A, AB는 ABAB형식이 됩니다.

단음절중첩 A(—)A		2음절중첩 ABAB	
听—听 tīng yì tīng	들어보다	商量商量 shāngliang shāngliang	상의해보다
看—看 kàn yí kàn	봐보다	讨论讨论 tǎolùn tǎolùn	토론해보다
找—找 zhǎo yī zhǎo	찾아보다	运动运动 yùndòng yùndòng	운동해보다
说—说 shuō yì shuō	말해보다	认识认识 rènshi rènshi	(서로)알아가다
问—问 wèn yí wèn	물어보다	打听打听 dǎtīng dǎtīng	(수소문해서)알아보다

동사 + —下(儿)yíxiàr도 동사의 중첩형 '잠깐 ~해보다, ~해보다'와 같은 의미로 쓰입니다.

동사 + —下(儿)yíxiàr : ~해보다			
看—下 kàn yíxià	봐보다	讨论—下 tǎolùn yíxià	토론해보다
想—下 xiǎng yíxià	생각해보다	商量—下 shāngliang yíxià	상의해보다
查—下 chá yíxià	조사해보다	打听—下 dǎtīng yíxià	(수소문해서)알아보다

구조조사 **的** [de] ~의, ~의 것, ~한, ~의 것

的는 우리말 '~의'처럼 명사 앞에서 각종 수식어구를 연결해주며 的앞에는 대부분 명사나 대명사가 오며
的앞에 오는 문장성분은 대부분 **관형어**입니다.

我的书
wǒ de shū
나의 책

你的生日
nǐde shēngrì
너의 생일

我的朋友
wǒ de péngyou
나의 친구

这包是他的
zhè bāo shì tāde
이 가방은 그의 것이다.

这本书是我朋友的。
zhèběnshū shì wǒ péngyoude
이 책은 내 친구의 것이다.

的가 형용사 뒤에 붙으면 성질이나 '~한' 또는 '~한 것'을 나타냅니다.

幸福的生活
xìngfúde shēnghuó
행복한 생활

很好的地方
hěnhǎode dìfang
아주 좋은 곳

亲密**的**关系
qīnmì de guānxi

친밀**한** 관계

漂亮**的**朋友
piàoliang de péngyou

예쁜 친구

讨厌**的**家伙
tǎoyànde jiāhuo

얄미**운** 녀석

可爱**的**小狗
kě'ài de xiǎogǒu

귀여**운** 강아지

花开了。有**红的**、**黄的**。
huā kāile　　　yǒu hóng de,　huáng de

꽃이 피었다. **붉은 꽃**도 있고, **노란 꽃**도 있다.

我有两个孩子。**大的**八岁,**小的**两岁。
wǒ yǒu liǎng gè hái zi　　　dà de bāsuì, xiǎo de liǎngsuì

난 아이가 두 명 있다. **큰 애**는 8살, **작은 애**는 2살이다.

또 的는 **동사의 뒤**에 붙여서 **직업**을 나타내거나 **명사화** 되기도 합니다.

修车**的**
xiūchē de

차를 수리하는 사람, 수리기사

➡

他是修车的。
tā shì xiūchē de

그는 자동차 정비원이다.

做菜**的**
zuòcài de

요리하는 사람, 쉐프

➡

我爸爸是做菜的。
wǒ bàba shì zuòcài de

우리 아빠는 요리사다.

开车的
kāichē de
운전하는 사람, 운전기사

➡

哥哥是开车的。
gēge shì kāichē de
오빠는 운전기사이다.

售票的
shòupiào de
표를 파는 사람, 매표원

➡

她是售票的。
tā shì shòupiào de
그녀는 매표원이다.

Chapter 04

실력 다지기 04

1. 단어

뜻	중국어	병음
① 어떠한가?		
② 얼마에요?		
③ ~의, ~한 것 (구조조사)		
④ 필요하다		
⑤ ~하지 마		
⑥ ~해보다		
⑦ 위안 (중국 화폐단위)		
⑧ 바람이 불다		
⑨ 날씨		
⑩ 비가 내리다		

2. 아래 주어진 가격을 중국어로 말하고 써보세요.

01) 2.90元 ➡ _____

02) 89.00元 ➡ _____

03) 730.00元 ➡ _____

04) 401.00元 ➡ _____

05) 5,600.00元 ➡ _____

3. 주어진 단어에서 알맞은 단어를 골라 쓰고 해석하세요.

的	会	地	死	要
de	huì	de	sǐ	yào

01) 他是我 (　　　) 朋友。　　해석 _____

02) 我 (　　　) 学习汉语。　　해석 _____

03) 你慢慢 (　　　) 吃吧。　　해석 _____

04) 气 (　　　) 我了。　　해석 _____

05) 他 (　　　) 说英语。　　해석 _____

4. 문장을 선으로 연결하여 회화를 완성하세요.

01) 今天天气怎么样?　　　·

02) 这个一斤多少钱?　　　·

03) 这是你的书吗?　　　·

04) 我们讨论以后再决定吧。·

05) 听说他住院了。　　　·

06) 你会说汉语吗?　　　·

·　ⓐ 好吧。

·　ⓑ 这不是我的,是明明的。

·　ⓒ 我会说汉语。

·　ⓓ 我们去医院看看他吧。

·　ⓔ 一斤三块,两斤五块。

·　ⓕ 今天天气很好。

| 단어 | 医院 yīyuàn 병원 ｜ 讨论 tǎolùn 토론하다, 의논하다 |

5. 다음 단어들을 순서대로 나열하여 문장을 만들어 보세요.

01) 天气　怎么样　今天　　➡ _____

02) 钱　多少　一斤　这个　➡ _____

03) 你　结婚　要　听说　　➡ _____

04)   不　我　会　汉语　说　　➡ _____

05)   的　这　是　我　书　　➡ _____

Chapter
05

이 옷 너무 작아요

다른 색상 없나요?

내일 우리 집에 올 수 있어요?

한국에 가본 적 있나요?

[실력다지기 05]

五章

16 这件太小了。

이 옷 너무 작아요

A 我想试穿那件衣服,可以吗?
wǒ xiǎng shìchuān nàjiàn yīfu, kěyǐma

저 옷 입어보고 싶은데, 가능할까요?

B 当然可以。
dāngrán kěyǐ

물론 가능합니다.

A 这件太小了,有大一号吗?
zhè jiàn tàixiǎole, yǒu dàyíhàoma

이거 너무 작은데요, 한 사이즈 큰 것 있나요?

B 没有了,只剩 这一件了。
méi yǒu le, zhǐ shèng zhè yíjiàn le

없어요, 딱 이거 하나 남았어요.

조동사 **想** [xiǎng] ~ ~고 싶다

想은 동사의 앞에 쓰면 '~고 싶다'라는 뜻을 나타내는 조동사를 나타냅니다.

我想吃韩国菜。 나는 한국요리를 먹고 싶어.
wǒ xiǎng chī Hánguócài

我想买那件衣服。
wǒ xiǎng mǎi nàjiàn yīfu

나는 저 옷 사고 싶어.

我想去旅游。
wǒ xiǎng qù lǚyóu

나는 여행을 가고 싶다.

我想看新上映的电影。
wǒ xiǎng kàn xīn shàngyìng de diànyǐng

나는 새로 개봉한 영화를 보고 싶다.

동사 **想** [xiǎng] 생각하다, 보고 싶다

동사가 없이 **想**만 쓸 때는 '생각하다', 또는 '보고 싶다'라는 의미로 해석할 수 있습니다.

我想你。
wǒ xiǎng nǐ

네가 보고 싶어.

妈妈想孩子。
māma xiǎng háizi

엄마는 아이가 보고 싶어.

你想不想我?
nǐ xiǎngbùxiǎng wǒ

너 내 생각 하니 안 하니?

조동사 **可以** [kěyǐ] ~해도 되다, ~할 수 있다

可以는 '~해도 된다'라고 해석이 되며 가능성이나 허가 또는 허락을 나타냅니다.

我可以帮你。
wǒ kěyǐ bāng nǐ
난 널 도울 **수 있어**.

那边可以抽烟。
nàbiān kěyǐ chōuyān
저쪽에서 담배를 피워**도 좋습니다**.

我可以试穿吗?
wǒ kěyǐ shìchuān ma
제가 입어 봐**도 될까**요?

明天去你家看电影, 可以吗?
míngtiān qù nǐjiā kàndiànyǐng, kěyǐma
내일 네 집에 가서 영화를 봐**도 될까**?

정도부사 매우, 제일, 몹시, 특히…

형용사의 정도를 강조하고 싶을 때는 정도부사(很, 非常, 十分, 最, 格外, 特别…)를 씁니다.

他最喜欢我做的菜。
tā zuì xǐhuan wǒ zuòde cài
그는 내가 만든 요리를 **제일** 좋아한다.

今天天气**格外**晴。
jīntiān tiānqì géwài qíng

오늘 날씨가 **각별히** 맑다.

她今天**非常**漂亮。
tā jīntiān fēicháng piàoliàng

그녀는 오늘 **몹시** 예쁘다.

我**特别**喜欢吃印度料理。
wǒ tèbié xǐhuan chī Yìndù liàolǐ

나는 인도요리를 먹는 걸 **특히** 좋아한다.

부사문구 太 [tài] … 了 / 可 [kě] … 了 / 挺 [tǐng] … 了 너무 ~하다

중국인들이 흔히 사용하는 너무 ~하다, 완전 ~하다 등의 의미를 나타내는 구어체문구이며 구문 사이에는
대부분 형용사가 옵니다.

这个车**太**贵**了**。
zhè ge chē tài guì le

이 차는 **너무** 비싸.

这里的风景**太**美**了**!
zhèlide fēngjǐng tài měile

여기 경치가 **너무** 아름다워!

她妹妹**可**可爱**了**。
tāmèimei kě kě'ài le

그녀의 여동생은 **너무** 귀여워.

我弟弟**可**调皮**了**。
wǒdìdi kě tiáopí le

내 남동생은 **몹시** 장난이 심해.

这件衣服**挺**好看**的**。　　이 옷은 **제법** 보기 좋다.
zhè jiàn yī fu tǐng hǎo kàn de

他汉语**挺**厉害**的**。　　그의 중국어(실력)는 **아주** 대단해.
tā hànyǔ tǐng lìhai de

부사 有点儿 [yǒudiǎnr] / 一点儿 [yìdiǎnr] 약간, 조금

有点儿은 술어 앞에 쓰이고 조금은 부정적인 의미를 표현할 때 흔히 사용하며 一点儿은 술어의 뒤에서 긍정적인 경우에 많이 쓰이며 객관적인 정도가 '조금, 약간'임을 나타냅니다 .

||||| **有点儿** yǒudiǎnr

他今天**有点儿**忙。　　그는 오늘 **좀 바빠**.
tā jīntiān yǒudiǎnr máng

我今天**有点儿**累。　　나 오늘은 **좀 피곤해**.
wǒ jīntiān yǒudiǎnr lèi

||||| **一点儿** yìdiǎnr

我们喝**一点儿**饮料吧。　　우리 음료수를 **좀** 마시자.
wǒmen hē yìdiǎnr yǐnliào ba

你们多吃**一点儿**吧。 너희들 **좀 많이** 먹어.
nǐmen duō chī yìdiǎnr ba

17 有别的颜色吗?

다른 색상은 없나요?

A 这种款式有别的颜色吗?
zhèzhǒng kuǎnshì yǒu biéde yánsè ma

이 디자인의 다른 색상은 없나요?

B 有,要多大号的?
yǒu yào duōdàhào de

있습니다, 사이즈는 어떤 걸로 드릴까요?

A 有中号吗?
yǒu zhōnghào ma

M사이즈 있나요?

B 有,请稍等。
yǒu qǐngshāoděng

있어요, 잠시만요.

쇼핑하기

중국에서 옷을 살 때의 다양한 표현법을 익혀봅시다.

大减价 dà jiǎn jià	바겐세일	**特价商品** tè jià shāng pǐn	특가상품

正好!
zhènghǎo

딱 맞아요!

这种款式很流行。
zhèzhǒng kuǎnshì hěn liúxíng

이런 디자인이 유행이에요.

有我穿的号吗?
yǒu wǒ chuānde hàoma

제가 입을만한 사이즈 있나요?

太紧了,有再大一点儿的吗?
tàijǐnle, yǒu zài dà yìdiǎnr de ma

너무 끼네요. 좀 더 큰 거 있나요?

能不能再便宜一点儿?
néngbùnéng zài piányi yìdiǎnr

더 싸게는 안 되나요?

할인 **打折** [dǎzhé] 할인을 하다

할인 %는 折zhé(할)로 표시합니다. 折는 구매가격이 아니라 할인받는 가격을 의미하므로 '30% 세일'을 표현할 때 원래 가격의 30%의 가격에 판매한다는 의미가 아닌 70%의 가격에 판매한다는 의미로 7折(7할)라고 표현을 하며 기존에 한국에서의 할인 표기 방법과 반대로 생각하면 됩니다.

'몇% 세일인가요?'는 수량의문사 几와 함께 써서 '打几折dǎ jǐzhé?'라고 합니다.

10%세일	20%세일	40%세일	25%세일
打九折	打八折	打六折	打七五折
dǎ jiǔzhé	dǎ bāzhé	dǎl iùzhé	dǎ qīwǔzhé

백분율 **百分率** [bǎifēnlǜ]

중국어의 백분율에서 '백분의 일'은 百分之一bǎi fēn zhī yī라고 합니다. 아래 백분율을 보고 읽으며 연습해 보세요.

80%	40%	25%	30%
百分之八十 bǎifēnzhī bāshí	百分之四十 bǎifēnzhī sìshí	百分之二十五 bǎifēnzhī èrshíwǔ	百分之三十 bǎifēnzhī sānshí

의문, 감탄의 표현 **多 + 형용사** 얼마나 ~한가

'얼마나 ~하니?'라는 의문 혹은 '얼마나 ~한가!' 라는 감탄의 의미를 나타낼 때에는 多뒤에 해당되는 형용사를 넣어주면 됩니다.

你多重?
nǐ duō zhòng

너 몸무게가 얼마나 되니?

你多高?
nǐ duō gāo

너 키가 몇이니?

你们认识了多久?
nǐmen rènshi le duōjiǔ

너희들 알게 된 지 얼마나 오래 됐어?

||||| **감탄을 나타낼 때** (끝을 내려서 감탄의 말투로) ---

她多可爱!
tā duō kěài

그녀가 얼마나 사랑스럽니!

他的汉语多厉害!
tā de hàn yǔ duō lì hai

그의 중국어(실력)는 얼마나 대단하니!

打扫的多么干净!
dǎ sǎo de duōme gānjìng

청소한 것이 얼마나 깨끗하니! (얼마나 깨끗이 청소 했니!)

 多는 多么라고도 쓸 수 있다.

'么'로 끝나는 자주 쓰는 단어가 있는데 기억해두면 좋습니다.

이렇게	这么 zhème	➡	天气这么热,我们不要出去了! tiān qì zhè me rè, wǒ men bú yào chū qù le	날씨가 이렇게 더운데, 우리 나가지 말자!
그렇게 저렇게	那么 nàme	➡	别那么说,我很伤心。 bié nàme shuō wǒ hěn shāngxīn	그렇게 말 하지마, 나 너무 속상해.
그렇다면	那(么) nà me	➡	那我们几点见? nà wǒmen jǐdiǎn jiàn	그럼 우리 몇 시에 만나?
어떻게 왜	怎么 zěnme	➡	你怎么可以骂人? nǐ zěnme kěyǐ màrén	너 어떻게 욕 할수 있어?
얼마나	多么 duōme	➡	你知道我多么喜欢你吗? nǐ zhīdào wǒ duōme xǐhuan nǐ ma	내가 얼마나 널 좋아하는지 알아?

18 你明天能来我家吗?

내일 우리 집에 올수 있어?

A 你明天能来我家吗?
nǐ míngtiān nénglái wǒjiā ma
너 내일 우리 집에 올수 있어?

B 怎么了? 明天有什么事吗?
zěnme le　　míngtiān yǒu shénmeshì ma
무슨 일이야? 내일 무슨 일이 있니?

A 明天我家有生日派对。
míngtiān Wǒjiāyǒu shēngrì pàiduì
내일 우리 집에 생일파티가 있어.

B 明天是你的生日啊? 那我一定去!
míngtiānshì nǐ de shēngrì a　　nà wǒyídìng qù
내일 너의 생일이었어? 그럼 꼭 갈께!

조동사 能 [néng] ~할 수 있다

태어날 때부터 무언가를 할 수 있는 능력이 있음을 말하며 동사의 앞에 위치합니다.

你能听懂汉语吗?　　중국어를 알아 들을 수 있니?
nǐnéng tīngdǒng hànyǔ ma

我**能**参加你的婚礼。
wǒnéng cānjiā nǐde hūnlǐ

나 너의 결혼식에 참석할 수 있어.

你**能**告诉我你的电话号码吗?
nǐnéng gàosu wǒ nǐde diànhuàhàomǎ ma

너의 전화번호를 알려줄 수 있니?

他很**能**喝酒。
tā hěn néng hējiǔ

그는 술을 (아주) 잘 마신다.

你**能**游泳吗?
nǐ néng yóuyǒng ma

수영을 할 수 있나요?

부정문 **不能** [bù néng] ~할 수 없다

我**不能**喝酒。
wǒ bùnéng hējiǔ

난 술을 마실 수 없어요.

他**不能**害你。
tā bùnéng hài nǐ

그가 너를 해칠 수 없어.

이밖에도 **能**néng은 또한 손상되었다가 회복된 상태를 표현할 때에도 쓰입니다. '아파서 수업에 갈 수 없었는데 이젠 다 나아서 갈 수 있다'등의 상황에 쓸 수 있습니다.

我感冒好了,**能**去学校了。
wǒgǎnmào hǎole, néngqù Xuéxiào le

감기가 다 나아서 학교에 갈 수 있어요.

我的腿伤已经好了,现在**能**走了。
wǒde tuǐshāng yǐjīng hǎole, xiànzài néng zǒule

다리의 부상이 이미 나아서 이제 걸을 수 있어요.

의문사 **你怎么了** [nǐ zěnmele] **?** 너 왜 그래?

대화를 할 때 상대방한테 흔히 '너 왜 그러니?', '어찌된 일이야?' 라고 묻는 표현입니다.

你**怎么**了?
nǐzěnmele

너 **왜** 그러니?

他今天**怎么回事**?
tājīntiān zěnme huíshì

걔 오늘 **어찌된 일**이야?

你**怎么**了? 不高兴吗?
nǐzěnmele　　　bùgāoxìng ma

너 **왜** 그러니? 기분이 안 좋아?

19 你去过韩国吗?

한국에 가본 적 있나요?

A 你去过韩国吗?
nǐ qùguò Hánguó ma

한국에 가본 적이 있나요?

B 当然,我去过两次。
dāngrán, wǒqùguò liǎngcì

당연하죠, 두 번 가봤어요.

A 吃过韩国菜吗?
chī guò Hánguó càima

한국요리 먹어봤나요?

B 是的,我非常喜欢。
shìde, wǒ fēicháng xǐhuan

네, 아주 좋아합니다.

동태조사 **~过** [guò] ~한 적이 있다

동사+过guò는 '~한 적이 있다'라는 뜻으로 과거에 경험한 일을 표현하거나 '~을 했었다'라는 표현에 쓰입니다.

我**看过**这部电影。
wǒ kànguò zhèbù diànyǐng

나는 이 영화를 **본 적** 있어요.

我见过他妈妈。
wǒ jiànguò tā māma

나는 그의 어머니를 **만난 적**이 있어요.

他说过这件事。
tā shuōguò zhè jiàn shì

그는 이 일을 **말한 적**이 있다.

我去过日本。
wǒ qùguò Rìběn

나는 일본에 **가본 적**이 있다.

또 过guò는 과거를 나타내는 시간명사나 시간부사와 함께 쓰이기도 합니다.

我昨天见过他。
wǒ zuótiān jiànguò tā

나는 **어제** 그를 만난 **적이 있**다.

她以前来过这里。
tā yǐqián láiguò zhèli

그녀는 **예전에** 이곳에 와본 **적이 있**다.

我们已经吃过饭了。
wǒmen yǐjīng chīguò fànle

우리는 **이미** 저녁을 **먹었**다.

부정형 **没** [méi] ··· **过** [guò] ~한 적 없다

'~한 적이 없다'라고 과거에 일어난 일에 대한 언급이므로 부정은 没(有)~过라고 합니다.

我**没**去**过**美国。
wǒ méiqùguò Měiguó

나는 미국에 가본 **적이 없어**요.

你**没**听**过**这个音乐吗?
nǐ méitīngguò zhège yīnyuèma

당신은 이 음악을 들어본 **적이 없나**요?

我**没**喜欢**过**你。
wǒméi xǐhuan guò nǐ

나는 너를 좋아했던 **적이 없어**.

我**没**听说**过**。
wǒ méi tīngshuō guò

나는 들어본 **적이 없**다.

我**没**打**过**电话。
wǒ méi dǎguò diànhuà

나는 전화한 **적이 없**다.

동량보어 [동사+보어]

보어는 반드시 동사 뒤에 쓰이며 동작의 횟수나 양을 표시하는 단어를 말합니다. '세 번 가봤어요.', '하루에 세 끼를 먹어요.' 등과 같은 문장에 쓰입니다.

请再说**一遍**。
qǐng zàishuō yí biàn

다시 **한 번** 말씀해주세요.

他一天吃**两顿**饭。
tā yìtiān chī liǎngdùn fàn

그는 하루에 **두 끼**를 먹는다.

我想见他一面。
wǒxiǎng jiàn tā yímiàn

나는 그를 **한 번** 만나고 싶다.

又 [yòu] ··· 又 [yòu] ··· ~하며 ~하다

어떤 사물이나 상황의 상태가 '~하기도 하며 ~하기도 하다'라고 서술할 때는 '又A又B' 구문으로 표현할 수 있습니다. 이때 병렬된 '又A又B'의 A와 B의 성질은 비슷해야 합니다.

她又漂亮, 又亲切。
tā yòu piàoliang yòu qīnqiè

그녀는 **예쁘**기도 하고 **친절하**기도 하다.

这菜又好吃, 又有营养。
zhècài yòuhǎochī yòu yǒu yíngyǎng

이 요리는 **맛도 좋고, 영양가도 있**다.

小狗又可爱, 又聪明。
xiǎogǒu yòu kě'ài, yòu cōngmíng

강아지는 **귀엽**고 **똑똑하**다.

他又丑, 又笨。
tā yòuchǒu yòu bèn

그는 **못생기고 머리도 안 좋**아.

我又累又饿。
wǒ yòulèi yòu'è

나는 **피곤하기**도 하고 **배도 고프**다.

힌트 丑chǒu 못났다, 못생기다 | 笨bèn 둔하다, 어리석다, 머리가 나쁘다

Chapter 05

실력 다지기 05

1. 단어

뜻	중국어	병음
① 요리		
② 옷		
③ 여행		
④ 입다		
⑤ 귀엽다		
⑥ ~한 적 있다		
⑦ ~할 줄 안다		
⑧ ~할 수 있다		
⑨ ~해도 된다		
⑩ ~고 싶다		

2. 알맞은 조동사를 골라 빈칸을 채우세요.

会   能   可以   要   想

01) 他 (   ) 游500米。   그는 500미터를 수영할 수 있다.

02) 她不 (   ) 说话。   그녀는 말을 하지 못한다.

03) 我 (   ) 说汉语。   나는 중국어를 할 줄 안다.

04) 我不 (   ) 去大学。   나는 대학에 가고 싶지 않아.

05) 我 (   ) 回家。   나는 집에 돌아갈 거야.

3. 离와 从을 구별하여 사용하여 문장을 완성시키세요.

01) 我家 (   ) 学校不远。   우리 집은 학교에서 멀지 않다.

02) (   ) 这儿到学校要一个小时。   여기에서부터 학교까지 한 시간 걸린다.

03) (   ) 下班时间还有一刻钟。   퇴근시간까지 15분 있다.

04) (   ) 北京到上海有多远?   베이징에서 상하이까지 거리가 얼마나 멀어?

4. 다음 문장을 过 혹은 没…过를 넣어서 과거형 문장으로 바꿔보세요.

01) 我吃这个菜。 ➡ _____

02) 我听这个音乐。 ➡ _____

03) 他没来我家。 ➡ _____

04) 她去日本留学。 ➡ _____

05) 我不给他打电话。 ➡ _____

06) 今天下雨。 ➡ _____

07) 我吃饭了。 ➡ _____

08) 他没去美国。 ➡ _____

MEMO

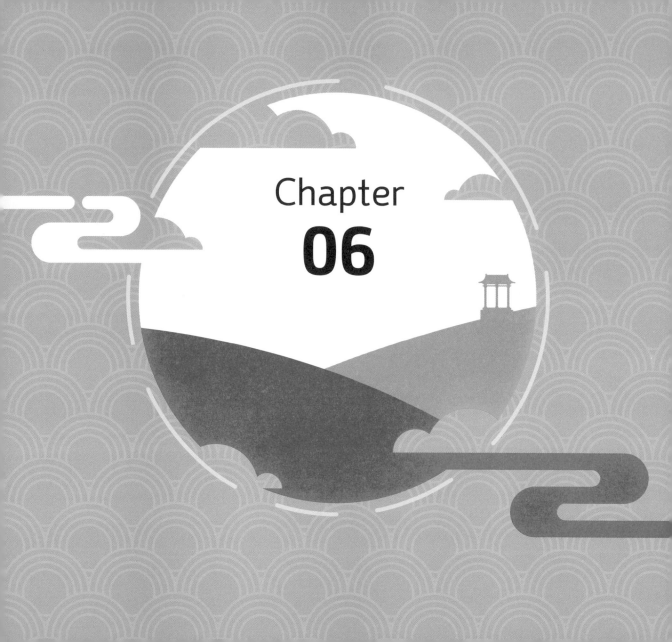

Chapter

06

미스터 리 계세요?

번거롭게 해드렸네요

점심 먹었니?

넌 왜 운동을 좋아해?

[실력다지기 06]

六章

20 请问李先生在吗?

미스터 리 계신가요?

A 喂? 请问李先生在吗?
wéi qǐngwèn lǐxiānshēng zàima

여보세요? 미스터 리 계신가요?

B 他出差了,请问是哪位?
tā chūchāi le,qǐngwèn shì nǎwèi

그는 출장을 갔어요. 어느 분이신가요?

A 我叫马克,是他的大学同学。
wǒjiào mǎkè, shì tāde dàxué tóngxué

저는 마크라고 합니다. 그의 대학동창입니다.

B 那么,请留一下您的电话号码。
nàme qǐng liú yíxià nínde diànhuà hàomǎ

그러면, 당신의 전화번호 남겨주세요.

통화할 때 쓰는 표현 喂 [wéi]

喂? 你好!
wéi nǐhǎo

여보세요. 안녕하세요.

给我打电话。
gěiwǒ dǎ diànhuà

나에게 전화 해 주세요.

打错(电话)了。 (전화) 잘못 거셨어요.
dǎ cuò (diànhuà)le

TIP 喂는 4성으로 발음하는 경우 '(음식 등을)먹이다'라는 동사의 의미를 가지고 있지만 통화를 할 때는 '여보세요'라는 의미
이며 2성으로 발음한다.

부탁할 때 쓰는 표현 请 [qǐng] ~

请qǐng~은 영어에서의 'Please'에 해당되며 '실례합니다'와 같은 표현에 흔히 쓰입니다.

请问,洗手间在哪里? 실례지만, 화장실은 어디입니까?
qǐngwèn xǐshǒujiān zài nǎlǐ

请您转告 一下。 전달 좀 부탁드립니다.
qǐng nín zhuǎngào yíxià

请回个电话。 콜 백 부탁드립니다.
qǐng huígè diànhuà

请您回复一下。 답장 좀 부탁드립니다.
qǐngnín huífù yíxià

특정의문사 **哪位** [năwèi] 어느 분이신가요?

哪位năwèi는 전에 배웠던 특정의문사 谁shuí(누구)의 높임말이라고 할 수 있으며 초면에 상대방의 신분을 물어볼 때 흔히 쓰는 '어느 분이세요?'라는 표현입니다.

他是谁? tā shì shuí	그는 누구니?	你是哪位? nǐ shì năwèi	당신은 어느 분이신가요?
您找哪位? nín zhǎo năwèi	어느 분을 찾으십니까?	十位客人 shíwèi kèrén	손님 열 분

빈도부사 **又** [yòu] / **再** [zài] 또, 다시

又와 再는 둘 다 반복의 뜻을 나타내는 '또'라는 뜻이 있지만 又는 과거에 대한 반복, 再는 미래에 대한 반복을 의미하므로 쓰임새에 약간의 차이가 있습니다.

▥ **과거에 있었던 일에 대한 반복을 나타내는 又**yòu

你**又**吃? nǐ yòuchī	너 **또** 먹니?	**又**开始了。 yòu kāi shǐ le	**또** 시작이네.
又是你? yòu shì nǐ	**또** 너야?	**又**来了。 yòu lái le	**또** 시작이야.

再见。 또 만나자.
zài jiàn

请再来一瓶。 한 병 **더** 주세요.
qǐng zàilái yìpíng

你再说一遍！ 한 번 **더** 말해봐!
nǐ zài shuō yí biàn

我再也不敢了。 나 **다시**는 안 그럴 거야.
wǒ zài yě bùgǎnle

21 真麻烦您了。

번거롭게 해드렸네요

A 我的电话号码是138-0446-7902。 제 전화번호는 138-0446-7902입니다.
wǒde diànhuàhàomǎ shì yāo sān bā- líng sìsì liù- qī jiǔ líng èr

B 好的,到时候我转告他。 네. 돌아오면 전달 해드리겠습니다.
hǎode, dàoshíhòu wǒ zhuǎngào tā

A 真麻烦您了。谢谢! 번거롭게 해드렸네요. 감사합니다.
zhēn máfan nínle   xièxie

B 不客气。再见! 별말씀을요. 안녕히 계세요.
bú kèqi   zàijiàn

예의·예절 **打扰您了** [dǎrǎo nínle] 폐를 끼쳤습니다

번거롭게 해서 미안하다는 뜻을 전할 때는 打扰dǎrǎo(방해하다) 외에도 **麻烦**máfan(귀찮다, 성가시다) 등의 단어를 사용할 수 있습니다.

麻烦你了。 귀찮게 해드렸습니다.
máfan nǐ le

打扰您了。 폐를 끼쳤습니다.
dǎrǎo nínle

부탁할 때 쓰는 표현 사람+지시대명사

'누군가 있는 장소'를 나타낼 때 흔히 **사람**이나 **호칭** 뒤에 **지시대명사**를 붙여서 표현합니다. **사람+지시대명사**로 그 장소를 나타낼 수 있다.

你的书在**我这儿**。 네 책은 **나한테** 있어.
nǐde shū zài wǒzhèr

我这里是秋天。 **내가 있는 이곳**은 가을이야.
wǒzhèlǐ shì qiūtiān

他们那儿已经开始下雪了。 **그들이 있는 곳**은 이미 눈이 내리기 시작했어.
tāmen nàr yǐjīng kāishǐ xiàxuě le

我明天去**姐姐那儿**。 나 내일 **언니(가 있는 그 곳)**한테 가.
wǒmíngtiān qù jiějie nàr

시간부사 刚刚 [gānggāng] 지금 막 / 突然 [tūrán] 갑자기 / 已经 [yǐjīng] 이미 / 刚才 [gāngcái] 아까

중국어는 시간을 나타내는 부사가 발달되어 있습니다. 잘 알고 활용해보세요.

我们**刚刚**到。
wǒmen gānggāng dào

우리 **지금 막** 도착했어.

她**已经**来了。
tā yǐjīng lái le

그녀는 **이미** 와 있다.

我**刚才**见到他了。
wǒ gāngcái jiàndào tāle

나 **아까** 그를 봤어.

突然开始下大雨了。
tūrán kāishǐ xià dàyǔ le

갑자기 소나기가 내리기 시작했다.

빈도부사 **常常** [chángcháng] / **经常** [jīngcháng] 늘, 자주, 항상

'늘, 자주, 항상'을 뜻하는 常常과 经常도 자주 쓰이니 알아두면 좋습니다.

他**常常**迟到。
tā chángcháng chídào

그는 **늘** 지각을 합니다.

他最近**经常**缺席。
tā zuìjìn jīngcháng quēxí

그는 요즘 **자주** 결석을 한다.

부사의 부정

부정문은 문장에 있는 부사를 부정합니다.

我们**不经常**联系。   우리는 **자주** 연락을 하지 **않**는다.
wǒmen bù jīngcháng liánxì

他**不常**来学校。   그는 학교에 **자주** 오지 **않**는다.
tā bù cháng lái xuéxiào

22 你吃午饭了吗?

점심 먹었니?

A 你吃午饭了吗?
nǐ chī wǔfàn le ma

점심밥 먹었니?

B 我跟同学一起吃了。
wǒ gēn tóng xué yì qǐ chī le

학교 친구랑 같이 먹었어.

A 下课后打算做什么?
xiàkè hòu dǎsuàn zuò shénme

수업 끝나고 무엇을 할 예정이야?

B 下课就去健身房运动。
xiàkè jiù qù jiànshēnfáng yùndòng

수업 끝나면 바로 헬스장에 운동하러 가.

동태조사 **동사+了** [liǎo] ~했다

동사 뒤에 了를 붙이면 동작의 완료 또는 동사의 과거형을 나타냅니다.

我吃了面包。
wǒ chī le miànbāo

나는 빵을 **먹었다**.

他们**知道了**。
tāmen zhīdào le

그들은 **알았다**.

小孩子**跑了**。
xiǎoháizi pǎo le

아이는 **달렸다**.

姐姐**接了**电话。
jiějie jiēle diànhuà

언니가 전화를 **받았다**.

我**看了**那本书。
wǒ kàn le nàběn shū

나는 그 책을 **봤다**.

我朋友**去了**医院。
wǒ péngyou qù le yīyuàn

내 친구는 병원에 **갔다**.

他们**走了**吗?
tāmen zǒu le ma

그들은 **갔니**?

你**说了**吗?
nǐ shuō le ma

너는 말 **했니**?

부정형 没 [méi] **+동사** ~하지 않았다

他**没来**。
tā méi lái

그는 **오지 않았다**.

我**没喝**酒。
wǒ méi hējiǔ

나는 술을 **마시지 않았다**.

她**没告诉**我。　　그녀는 나에게 **알려주지 않았다**.
tā méi gào su wǒ

你**没说**吗?　　너는 **말하지 않았니?**
nǐ méi shuō ma

동태조사 了뒤에 목적어가 올 때는 목적어에 수량사나 수식어를 동반하기도 합니다.

긍정문	부정문	
我**看了**那部电影。 wǒ kànle nàbù diànyǐng 나는 그 영화를 **봤다**.	我**没看**那部电影。　　(○) wǒ méi kàn nà bù diànyǐng 나는 그 영화를 **보지 않았다**.	我**没看**那部电影**了**。　　(×) wǒ méikàn nàbù diànyǐng le
他**喝了**一杯饮料。 tā hē le yì bēi yǐn liào 그는 음료수 한잔을 **마셨다**.	我**没喝**饮料。　　(○) wǒ méi hē yǐnliào 나는 음료수를 **마시지 않았다**.	我**没喝**饮料**了**。　　(×) wǒ méi hē yǐnliào le
他今天**去**学校**了**。 tā jīntiān qù xuéxiào le 그는 오늘 학교에 **갔다**.	他今天**没去**学校。　　(○) tā jīntiān méiqù xuéxiào 그는 오늘 학교에 **가지 않았다**.	他今天**没去**学校**了**。　　(×) tā jīntiān méiqù xuéxiào le
我们**听了**音乐。 wǒmen tīngle yīnyuè 우리는 음악을 **들었다**.	我们**没听**音乐。　　(○) wǒmen méitīng yīnyuè 우리는 음악을 **듣지 않았다**.	我们**没听**音乐**了**。　　(×) wǒmen méitīng yīnyuè le
他**来了**。 tā lái le 그가 **왔다**.	他**没来**吗?　　(○) tā méi lái ma 그는 **오지 않았**니?	他**没来了**吗?　　(×) tā méi lái le ma

동태조사 了는 보통 동사의 바로 뒤에 써서 과거를 나타내지만 문장의 맨 끝에 써도 되지만 동태조사 了가 있는 문장을 부정문으로 바꿀 때는 부정부사 不가 아닌 没로 하는 게 일반적이며 오른쪽에는 흔히 틀리는 부정문의 형태입니다. 没와 了는 함께 사용할 수 없다는 점에 항상 주의해야 합니다.

23 你为什么喜欢运动?

년 왜 운동을 좋아해?

A 你为什么这么喜欢运动?
nǐ wèishénme zhème xǐhuan yùndong

년 왜 이렇게 운동을 좋아하니?

B 因为我觉得对身体很好。
yīnwèi wǒ juéde duì shēntǐ hěnhǎo

건강에 아주 좋다고 생각하기 때문이야.

A 是吗? 怪不得你身材这么好。
shìma?　guàibùdé nǐ shēncái zhème hǎo

그래? 어쩐지 몸매가 이렇게 좋더라.

B 你要不要跟我一起运动?
nǐ yàobúyào gēnwǒ yìqǐ yùndòng

너 나랑 같이 운동 하지 않을래?

의문사 **为什么** [wèi shénme] **왜**

원인, 이유, 목적 등을 묻는 **의문사**이며 대답할 때는 흔히 因为yīnwèi~ (왜냐하면~)로 합니다.

你为什么哭?　너 **왜** 울어?
nǐ wèishénme kū

因为很伤心。
yīnwèi hěn shāngxīn

(**왜냐하면**) 슬퍼서이다.

你**为什么**笑?
nǐ wèishénme xiào

너 **왜** 웃어?

因为这个节目很搞笑。
yīnwèi zhège jiémù hěn gǎoxiào

(**왜냐하면**) 이 프로그램이 너무 웃겨서이다.

인과관계 복문 **因为** [yīnwèi] ~ / **所以** [suǒyǐ] ~ ~하기 때문에 (그래서) ~하다

她**因为**每天运动,**所以**很健康。
tā yīnwèi měitiān yùndòng, suǒyǐ hěn jiànkāng

그녀는 매일 운동하기 **때문에** 아주 건강해.

我**因为**相信你,**所以**才告诉你。
wǒ yīnwèi xiāngxìn nǐ, suǒyǐ cái gàosu nǐ

나는 너를 믿기 **때문에** 너에게 알려주는 거야.

他**因为**喜欢你,**所以**给你打电话。
tā yīnwèi xǐhuan nǐ, suǒyǐ gěinǐ dǎ diànhuà

그가 너를 좋아**하니까** 너한테 전화하는 거야.

동사 觉得 [juéde] ~ ~라고 생각해

你**觉得**怎么样?
nǐ juéde zěnmeyàng
너는 어떻게 **생각해**?

我**觉得**很好吃。
wǒ juéde hěn hǎochī
나는 아주 맛있(**다고 생각해**)어. 맛에 대한 느낌

我**觉得**很有意思。
wǒ jué de hěn yǒu yì si
나는 아주 재미있(**다고 생각해**)어. 상황에 대한 느낌

부정문-현재 不觉得 [bù juéde] ~ ~라고 생각하지 않아

我**不觉得**她很漂亮。
wǒ bù juéde tā hěn piàoliang
나는 그녀가 예쁘다고 **생각하지 않아**.

我**不觉得**热。
wǒ bù juéde rè
난 덥다고 **느껴지지 않아**.

부정문-과거 没觉得 [méi juéde] ~ ~라고 생각하지 않았어

我**没觉得**很烦。
wǒ méi juéde hěn fán
나는 귀찮다고 **생각하지 않았어**.

我没觉得奇怪。　　난 이상하다고 **여기지 않았어**.
wǒ méi juéde qíguài

변화를 나타내는 了 [le]

下雨了xiàyǔ le는 어떻게 풀이될까요? '비가 왔다'라는 완료(과거)로 볼 수도 있지만 '비가 (안 오다가) 내리기 시작했다'는 의미도 가능합니다. 문장의 끝에 오는 '了'중에는 '완료의 了'외에도 상태를 나타내는 '변화의 了'도 있습니다.

현재 상황		변화한 상황	
花很红。　꽃이 붉다. huā hěn hóng	➡	花红了。 huāhóng le	꽃이 붉어졌다. (예전에는 붉지 않았다)
他有工作。　그는 직업이 있다. tā yǒu gōngzuò	➡	他有工作了。 tā yǒu gōngzuò le	지금 직업이 생겼다. (예전에는 직업이 없었다)
天很黑。　날이 어둡다. tiān hěn hēi	➡	天黑了。 tiān hēi le	날이 어두워졌다. (점차 밤에 가까워진다)

이 외에도 了의 사용은 범위도 넓고 다양합니다. 여기서는 '변화의 了'가 있다는 정도만 알고 넘어가도 좋습니다.

║║║ 不，不…了，没의 관계 및 변화·비교 ─────────────────────────

不~ : 하지 않는다		不…了 : ~하지 않을 것이다		没~ : ~하지 않았다	
不吃 bù chī	먹지 않는다.	**不吃了** bù chī le	먹지 않을래.	**没吃** méi chī	먹지 않았다.
不看 bú kàn	보지 않는다.	**不看了** bú kàn le	보지 않을래.	**没看** méi kàn	보지 않았다.
不说 bù shuō	말하지 않는다.	**不说了** bù shuō le	말하지 않을래.	**没说** méi shuō	말하지 않았다.
不喝 bù hē	마시지 않는다.	**不喝了** bù hē le	마시지 않을래.	**没喝** méi hē	마시지 않았다.

Chapter 06

실력 다지기 06

1. 단어

뜻	중국어	병음
① 어느 분이세요?		
② 폐를 끼쳤습니다		
③ 왜? (의문사)		
④ 자주 (부사)		
⑤ 운동을 하다		
⑥ ~라고 생각한다		
⑦ 왜냐하면 ~		
⑧ 그래서		
⑨ 수업을 마치다		
⑩ 전화번호		

2. 보기에 나와 있는 단어를 사용하여 다음 대화를 완성해보세요.

不	已经	没	再	又
bù	yǐjīng	méi	zài	yòu

01) 我（　　　　）喝酒。　　　나는 술을 마시지 않았다.

02) 我（　　　　）告诉你了。　나는 이미 너에게 알려주었다.

03) 你明天（　　　　）来吧。　너 내일 다시 와.

04) 你怎么（　　　　）忘了?　너 왜 또 잊었어?

05) 我（　　　　）想去你家。　나는 네 집에 가고 싶지 않다.

3. 아래 문장에서 부정부사의 사용이 틀린 부분을 찾아 바르게 고치세요.

01) 我没吃饭了。　　➡　_____
　　wǒ méi chīfànle

02) 他昨天不去学校。　➡　_____
　　tā zuótiān búqù xuéxiào

03) 我们上星期不见面。 ➡ _____
wǒmen shàng xīngqī bú jiànmiàn

04) 我没看了这部电影。 ➡ _____
wǒ méi kànle zhèbù diànyǐng

05) 我没喝酒了。 ➡ _____
wǒ méi hējiǔ le

06) 他没说了来我家。 ➡ _____
tā méi shuō le lái wǒjiā

4. 문장을 선으로 연결하여 회화를 완성하세요.

01) 你为什么哭?　·   · ⓐ 六个人。

02) 你们一共几位?　·   · ⓑ 他去出差了。

03) 请问,金经理在吗?　·   · ⓒ 是的,我非常喜欢。

04) 我们看电影吧。　·   · ⓓ 我已经看过。

05) 你喜欢韩国音乐吗?　·   · ⓔ 因为我有点儿头疼。

5. 다음 단어들을 순서대로 나열하여 문장을 만들어 보세요.

01) 电话号码　你的　多少　是　　➡ _____

02) 喜欢　很　我　音乐　日本　　➡ _____

03) 给我　你　吧　打电话　　➡ _____

04) 喝　一杯　饮料　想　我　　➡ _____

05) 今天　我　没　学校　去　　➡ _____

06) 为什么　你　迟到　今天　　➡ _____

Chapter
07

드디어 왔구나!

자전거를 타고 출근해요

어떻게 지내셨어요?

기간이 얼마나 됐나요?

[실력다지기 07]

七章

24 你终于来了!

드디어 왔구나!

A 你终于来了! 我以为你忘了。
nǐ zhōngyú láile wǒ yǐwéi nǐ wàngle

드디어 왔구나! 잊은 줄 알았어.

B 对不起,我来晚了。路上堵车。
duìbuqǐ, wǒ lái wǎn le lùshàng dǔchē

미안, 내가 늦었어. 차가 막혔어.

A 没关系,开车来的吗?
méiguānxì, kāichē lái de ma

괜찮아, 운전해서 왔니?

B 不,是打车来的。
bù, shì dǎchē lái de

아니, 택시를 타고 왔어.

강조구문 是 [shì] ··· 的 [de] ~한 것이다

이미 발생한 동작의 시간, 장소, 방식이 완료되었음을 나타낼 때 강조하는 의미로 쓰는 문구입니다. 是…的의 사이에 강조하는 내용을 넣어서 표현할 수 있습니다. 긍정문에서 是는 생략이 가능하지만 的는 생략할 수 없습니다.

你(是)开玩笑的吧?
nǐ (shì) kāiwánxiào de ba

너 농담한 것이지?

我(是)上个月来韩国的。
wǒ (shì) shànggèyuè lái hánguó de

나는 지난달에 한국에 온 것이야.

我(是)今天才知道的。
wǒ (shì) jīntiān cái zhīdào de

나는 오늘에서야 알게 됐어.

부정문 不是 [bú shì] ··· 的 [de] ~한 것이 아니다

부정문에서는 반드시 不是···的라고 써야 하며 생략할 수 없습니다.

我不是开玩笑的。
wǒ búshì kāi wánxiào de

나는 농담한 것이 아니다.

我不是来留学的,我是来工作的。
wǒ búshì lái liúxuéde, wǒ shì lái gōngzuòde

나는 유학하러 온 것이 아니라, 일하러 온 것이다.

他不是说谎的。
tā búshì shuōhuǎng de

그는 거짓말을 한 것이 아니다.

25 我骑自行车上班。

자전거를 타고 출근해요

A 你不是开车上班吗?
nǐ búshì kāichē shàngbān ma

당신은 운전해서 출근하지 않나요?

B 我骑车上班。
wǒ qíchē shàngbān

전 자전거를 타고 출근해요.

A 是吗? 骑自行车对健康好。
shìma　　qí zìxíngchē duì jiànkāng hǎo

그래요? 자전거를 타면 건강에 좋지요.

B 我骑车后瘦了很多。
wǒ qíchē hòu shòu le hěn duō

자전거를 타고나서 살이 많이 빠졌어요.

부사 **坐** [zuò] / **骑** [qí] 타다

교통수단이나 이동수단을 탈 때의 '타다'라는 동작을 나타내며 크게 편하게 앉아서 타는 교통수단과 직접
운전이 필요한 (자전거, 오토바이 등) 교통수단으로 나눌 수 있습니다.

||||| 편하게 앉아서 탈 수 있는
교통수단은 坐 zuò

坐公共汽车 zuò gōnggòng qìchē	버스를 <u>타다</u>
坐出租车 zuò chūzūchē	택시를 <u>타다</u>
坐地铁 zuò dìtiě	지하철을 <u>타다</u>

||||| 말이나 자전거처럼 올라타야 하는
교통수단은 骑 qí

骑马 qí mǎ	말을 <u>타다</u>
骑(自行)车 qí zìxíngchē	자전거를 <u>타다</u>
骑摩托车 qí mótuōchē	오토바이를 <u>타다</u>

그 외에도 '택시를 잡아타다'는 표현은 打车dǎchē 혹은 打的dǎdī 라고 표현합니다.

我们**打车**去学校 。 wǒmen dǎchē qù Xuéxiào	우리는 택시를 타고 학교에 간다.
你**打的**来吧。 nǐ dǎdī lái ba	너 택시 타고 와.

개사 对 [duì] ~ ~에 대하여

개사는 전치사라고도 하며 모든 전치사는 뒤에 반드시 전치사+명사/대명사와 함께 쓰여서 전치사로 된 문장 **전치사구**를 이룰 때 의미가 있습니다.

他**对**我很好。   그는 나**에게** 잘 대해준다.
tā duì wǒ hěn hǎo

长时间看电视**对**眼睛不好。   장시간 TV시청은 눈**에** 좋지 않다.
cháng shíjiān kàn diànshì duì yǎnjing bùhǎo

我**对**她有好感。   나는 그녀**에게** 호감이 있어.
wǒ duì tā yǒu hǎogǎn

연동문

한 개의 주어에 동사가 2개 이상 연이어 오는 문장을 말합니다. 연동문으로 된 문장을 만들 때 주의해야 할 점은 반드시 동작 진행되는 순서에 따라 동사를 나열해주어야 합니다.

예를 들어 한국어에서는 '나는 물건을 사러 마트에 간다' 혹은 '나는 마트에 가서 물건을 산다'라는 두 문장 모두 정상적인 문장이 될 수 있지만 이 문장을 중국어로 해석하면 먼저 진행이 되는 마트로 가는 동작이 반드시 먼저 오고 물건을 사는 동작은 뒤에 와야 합니다.

我去超市买东西。（○）   ➡   我买东西去超市。（×）
wǒ qù Chāoshì mǎi dōngxi   wǒ mǎi dōngxi qù Chāoshì

我用铅笔写字。   나는 연필로 글씨를 쓴다.
wǒ yòng qiānbǐ xiě zì

我去美国见朋友。
wǒ qù Měiguó jiàn péngyou

친구 만나러 미국에 가.

她骑自行车去学校。
tā qí zìxíngchē qù Xuéxiào

그녀는 자전거를 타고 학교에 간다.

他们开车去北京。
tā men kāi chē qù Běi jīng

그들은 운전해서 베이징으로 간다.

我回家吃饭。
wǒ huíjiā chīfàn

나는 집에 가서 밥을 먹는다.

姐姐坐地铁上班。
jiějie zuòdìtiě shàngbān

언니는 지하철을 타고 출근한다.

다시 한 번 강조하면 **연동문**에서 가장 **주의해야 할 점**은 위 문장에서 나와 있듯이 반드시 **동작의 진행순서에 따라 동사를 나열하는** 것입니다.

선택의문문 **A 还是** [háishi] **B** A 아니면 B

양자택일의 경우 선택을 할 때 사용되는 의문사입니다.

你想吃韩国菜**还是**中国菜?
nǐ xiǎng chī Hánguó cài hái shì zhōng guó cài

넌 한국요리를 먹을 거니 (**아니면**) 중국요리를 먹을 거니?

你喜欢短裙**还是**短裤?
nǐ xǐhuan duǎnqún háishi duǎnkù

너는 미니스커트가 좋아 **(아니면)** 핫팬츠가 좋아?

我们看电影**还是**去公园?
wǒmen kàn diànyǐng háishi qù Gōngyuán

우리 영화를 볼까 **(아니면)** 공원에 갈까?

今天是晴天**还是**阴天?
jīntiān shì qíngtiān háishì yīntiān

오늘은 날씨가 맑은가요, **(아니면)** 흐린가요?

선택평서문 A **或者** [huòzhě] B A 혹은 B

의문문이 아니라 평서문에서 쓸 때 'A혹은B' 또는 'A나 B'와 같은 문장에 쓰는 선택문입니다.

我想买自行车**或者**摩托车。
wǒ xiǎng mǎi zìxíngchē huòzhě mótuōchē

자전거**나** 오토바이 중 하나를 살 생각이에요.

我打算去美国**或者**欧洲。
wǒ dǎsuàn qù Měiguó huòzhě ōuzhōu

나는 미국**이나** 유럽에 갈 예정이야.

韩国菜**或者**日本菜我都喜欢。
Hánguó cài huòzhě Rìběn cài wǒ dōu xǐhuan

한국요리**나** 일본요리 나는 모두 좋아해.

TIP 위에서와 같이 还是는 의문문에 쓰이는 선택문이고 或者는 평서문에서 양자택일의 경우에 쓰인다.

26 过得怎么样?

어떻게 지내셨어요?

A 这几天过得怎么样?
zhè jǐtiān guò de zěnmeyàng

요 며칠 어떻게 지내셨어요?

B 上星期刚从美国回来。
shàng xīngqī gāng cóng Měiguó huílái

지난주에 막 미국에서 돌아왔어요.

A 你是去美国旅游的吗?
nǐ shì qù Měiguó lǚyóu de ma

미국에는 여행을 간 것인가요?

B 是的,我姐姐在美国留学。
shìde, wǒ jiějie zài Měiguó liúxué

맞아요, 언니가 미국에서 유학하고 있어요.

구조조사 得 [de]

똑같이 de로 발음하는 **구조조사 삼총사** de가 있는데 앞에서 배웠던 명사를 수식하는 的, 술어를 수식하는 地, 그리고 나머지 하나가 오늘 배울 **정도보어를 나타내는** 得입니다.

술어得+정도보어 형식으로 오며 **술어의 정도가 어떠한지**를 구체적으로 알려주며 그 정도를 나타내주는 뒤에 오는 보어를 '정도보어'라고 합니다. 목적어가 있을 경우 '목적어+술어得+정도보어'의 형태로도 쓸 수 있으며 의미는 변하지 않습니다.

술어得 + 정도보어	목적어 + 술어得 + 정도보어	
他吃得很快。 tā chī de hěnkuài 그는 빨리 먹는다.	他饭吃得很快。 tā fàn chī de hěnkuài 그는 밥을 빨리 먹는다.	他吃饭吃得很快。 tā chīfàn chī de hěnkuài 그는 밥을 빨리 먹는다.
哥哥说得很流利。 gēge shuōde hěn liúlì 오빠가 (말을) 아주 유창하게 한다.	哥哥英语说得很流利。 gēge yīngyǔ shuōde hěn liúlì 오빠가 영어를 아주 유창하게 한다.	哥哥说英语说得很流利。 gēge shuōyīngyǔ shuōde hěn liúlì 오빠가 영어를 아주 유창하게 한다.
她穿得很漂亮。 tā chuānde hěn piàoliang 그녀는 예쁘게 입었어.	他衣服穿得很漂亮。 tā yīfu chuānde hěn piàoliang 그녀는 옷을 예쁘게 입었다.	他穿衣服穿得很漂亮。 tā chuānyīfu chuānde hěnpiàoliang 그녀는 옷을 예쁘게 입었다.
她唱得很好听。 tā chàngde hěn hǎotīng 그녀는 (노래를) 아주 잘 부른다	她歌唱得很好听。 tā gē chàngde hěn hǎotīng 그녀는 노래를 아주 잘 부른다.	她唱歌唱得很好听。 tā chànggē chàngde hěn hǎotīng 그녀는 노래를 아주 잘 부른다.
弟弟画得很好。 dìdi huàde hěn hǎo 남동생은 아주 잘 그린다.	弟弟画画得很好。 dìdi huà huàde hěn hǎo 남동생은 그림을 아주 잘 그린다.	弟弟画画画得很好。 dìdi huàhuà huàde hěn hǎo 남동생은 그림을 아주 잘 그린다.

부정형

부정문에서 부정부사 不는 得의 뒤에 옵니다.

哥哥说**得不**对。
gēge shuō de búduì

오빠가 하는 말은 맞지 않다.

我吃饭吃**得不**多。
wǒ chīfàn chīde bù duō

나는 밥을 많이 먹지 않아.

她长**得不**漂亮。
tā zhǎng de bú piàoliang

그녀는 (생긴 것이) 예쁘지 않다.

她汉语说**得不**好。
tā Hànyǔ shuō de bù hǎo

그녀는 중국어를 잘 하지 못한다.

27 多长时间了?

기간이 얼마나 됐나요?

A 你姐姐去美国多长时间了?
nǐ jiějie qù měiguó duōcháng shíjiān le

당신의 언니는 미국에 간지 몇 년 됐나요?

B 她去美国五年多了。
tā qù Měiguó wǔnián duōle

그녀는 미국에 간지 5년 넘었어요.

A 那她打算什么时候回国?
nà tā dǎsuàn shénme shíhou huíguó

그럼 그녀는 언제 귀국할 예정인가요?

B 我也不太清楚。
wǒ yě bútài qīngchu

저도 확실히 잘 모르겠어요.

결과보어 **술어+到** [dào] / **完** [wán] / **好** [hǎo]

중국어의 보어는 다양한 종류가 있는데 동사 뒤에 붙어서 동작을 보충하여 설명해주는 역할을 하며 앞 동작의 결과를 나타내는 보어를 **결과보어**라고 합니다.

일반문장과 결과보어 문장 비교

술어(일반문장)	술어+결과보어
他**找**了铅笔。 그는 연필을 찾았다. tā zhǎo le qiānbǐ	他**找到**了铅笔。 그는 연필을 찾<u>아냈다</u>. tā zhǎo dào le qiānbǐ
我**看**了电影。 난 영화를 봤다. wǒ kànle diànyǐng	我**看完**了电影。 난 영화를 <u>다 봤다</u>. wǒ kànwán le diànyǐng
我们**准备**了。 우리는 준비했다. wǒmen zhǔnbèi le	我们**准备好**了。 우리는 준비를 <u>다 마쳤다</u>. wǒmen zhǔnbèi hǎo le

또 중국어를 가장 세련되게 만들어주는 대표적인 문장성분이 부사와 보어라고 할 수 있는데 일상생활에서 이와 같은 표현을 잘 숙지하면 원어민 같은 회화가 가능합니다.

我吃完饭了。 나 밥 **다 먹었어**.
wǒ chīwán fàn le

妹妹刷完牙了。 여동생은 양치를 **다 했어**.
mèimei shuāwányá le

妈妈做好菜了。 엄마는 요리를 **다 했어**.
māma zuòhǎo cài le

我准备好出门了。 나 나갈 **준비 다 마쳤어**.
wǒ zhǔnbèi hǎo chūménle

他**看完**这本书了。　　그는 이 책을 **다 봤어**.
tā kànwán zhèběn shū le

我今天**忙完**了。　　난 오늘 **볼 일이 끝났어**.
wǒ jīntiān máng wánle

부정부사 太不 [tàibù] / 不太 [bútài]

‖‖‖ 정도부사 太에 붙는 不의 위치에 따라 의미의 차이가 있는 부정부사

정도가 매우 강함 (강조)		정도가 약함 (완화)	
太不好了 tài bùhǎo le	**너무 안** 좋다	不太好 bútài hǎo	**그다지** 좋지 **않**다
太不好吃 tài bùhǎo chī	**너무** 맛**없**다	不太好吃 bútài hǎo chī	**별로** 맛**없**다
空气太不好了 kōngqì tài bùhǎo le	공기가 **너무 안** 좋음	空气不太好 kōngqì bútài hǎo	공기가 **별로 안** 좋음
太不喜欢动物 tài bù xǐhuan dòngwù	동물을 **몹시 안** 좋아함	不太喜欢动物 bútài xǐhuan dòngwù	동물을 **별로 안** 좋아함

이와 같이 부정부사 不가 붙는 위치에 따라 의미가 강조되거나 혹은 완화되기도 합니다.

동사 **打算** [dǎsuàn] ~할 예정이다

打算은 '~할 예정이다'라는 동사이긴 하지만 '계획, 플랜'이라는 뜻을 가진 명사에도 해당됩니다.

你**打算**什么时候回国?
nǐ dǎsuàn shénme shíhou huíguó

너는 언제 귀국할 **예정**이니?

你放假有什么**打算**?
nǐ fàngjià yǒu shénme dǎsuàn

너 방학에 무슨 **계획**이 있니?

부정형 **不打算** [bù dǎsuàn] / **没打算** [méi dǎsuàn]

我今天**不打算**回家。
wǒ jīntiān bù dǎsuàn huíjiā

나는 오늘 집에 가지 **않을 계획**이다.

我放假**没**什么**打算**。
wǒ fàngjià méi shénme dǎsuàn

난 방학에 특별한 **계획이 없다**.

Chapter 07

실력 다지기 07

1. 단어

뜻	중국어	병음
① ~한 것이다(강조구문)		
② 자전거를 타다		
③ A아니면B ?(선택의문문)		
④ A혹은B (평서문)		
⑤ 구조조사(정도보어)		
⑥ 얼마나 됐나요? (기간 묻기)		
⑦ ~할 예정이다, ~할 계획이다		
⑧ ~에 대하여 (개사)		
⑨ 다 먹었다 (결과보어)		
⑩ 운전을 하다		

2. 주어진 뜻에 맞게 적당한 결과보어를 빈칸에 써보세요.

01) 洗 　　씻다 　➡ 다 씻다 　　　_____

02) 听 　　듣다 　➡ 다 듣다 　　　_____

03) 修 xiū 　고치다 ➡ 다 고치다 　　_____

04) 猜 cāi 　짐작하다 ➡ 알아맞히다 　_____

05) 说 　　말하다 ➡ 말을 마치다 　　_____

06) 看 　　보다 　➡ 보이다 　　　_____

07) 处理 chǔlǐ 처리하다 ➡ 처리를 끝내다 _____

08) 读 　　읽다 　➡ 다 읽다 　　　_____

3. 骑와 坐중에 다음 ( )안에 들어갈 수 있는 단어를 고르세요.

01) 我 (　　　) 飞机回国。

02) 他喜欢 (　　　) 马。

03) 我们（　　　）公共汽车去学校吧。

04) 她们（　　　）火车去上海。

05) （　　　）摩托车很危险wēixiǎn。

06) 我每天都（　　　）自行车。

4. 的, 地, 得 중에서 알맞은 것을 골라 써넣으세요.

01) 他是我（　　　）朋友。　　　그는 나의 친구이다.

02) 我们吃（　　　）很饱。　　　우리는 배부르게 먹었다.

03) 他慢慢（　　　）走进来了。　그는 천천히 걸어들어왔다.

04) 这个包是谁（　　　）？　　　이 가방은 누구의 것이니?

05) 房间打扫（　　　）很干净。　방은 깨끗하게 청소되어 있었다.

06) 天气热（　　　）很。　　　　날씨가 매우 덥다.

07) 他是一个很奇怪（　　　）人。　그는 아주 이상한 사람이다.

08) 天渐渐（　　　　）黑了。　날이 점차 어두워졌다.

5. 알맞은 위치에 부정부사를 넣어서 아래 문장을 부정문으로 바꿔보세요.

01) 我开玩笑的。　➡ _____

02) 她们昨天晚上到的。　➡ _____

03) 她长得很漂亮。　➡ _____

04) 我们是去年认识的。　➡ _____

05) 今天天气很热。　➡ _____

06) 我很喜欢这件衣服。　➡ _____

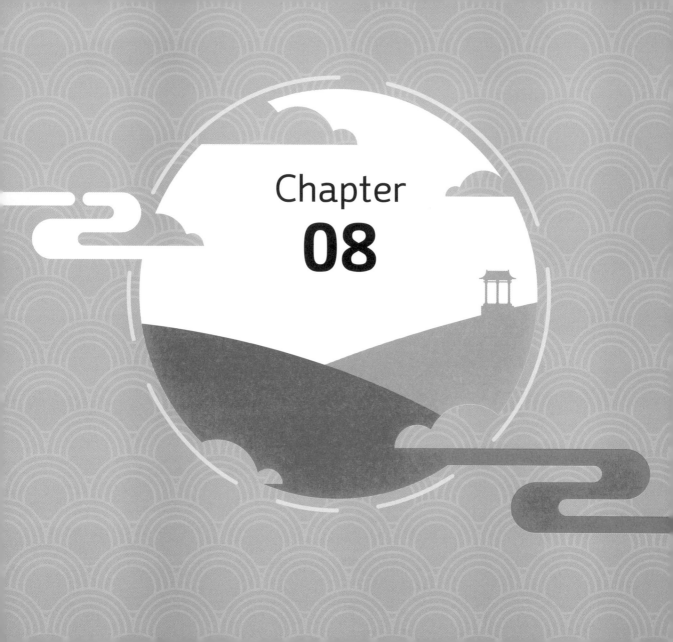

Chapter
08

어서 오세요!

더 필요한 거 있으세요?

감기에 걸리다

병원에 가다

[실력다지기 08]

八章

28 欢迎光临!

어서 오세요!

A 欢迎光临。请进!
huānyíng guānglín, qǐngjìn

환영합니다. 어서 들어오세요.

B 请把菜单给我看吧。
qǐng bǎ càidān gěiwǒ kànba

메뉴판을 보여주세요.

A 现在点菜吗?
xiànzài diǎncài ma

지금 요리를 주문하시겠어요?

B 一会儿再点,可以吗?
yíhuìr zài diǎn, kěyǐ ma

잠시 뒤에 다시 주문해도 될까요?

把bǎ구문 **주어+把목적어+술어** ~를/을

'주어+술어+목적어'의 중국어어순을 '把구문'을 이용하여 한국어의 어순과 동일한 '주어+목적어+술어'
로 바꿔줄 수 있는 구문이며 전치사 把를 이용하여 목적어를 동사 앞으로 도치시키는 문장으로, 동사(동
작이나 결과)가 강조됩니다.

목적어 앞에 把를 넣어서 중국어의 기본 어순을 한국어의 어순과 동일하게 변화시켜줍니다.

중국어의 기본어순 (주어+술어+목적어)			把구문의 어순 = 한국어의 기본어순 (주어+목적어+술어)		
주어	술어	목적어	주어	把목적어	술어
我	吃	饭	我 나	把饭 밥을	吃 먹다
他	关	门	他 그	把门 문을	关 닫다
她	骗	你	她 그녀	把你 너를	骗 속이다
他	喝	可乐	他 그	把可乐 콜라를	喝 마시다

把를 이용한 문장은 기본어순으로 된 문장과 의미는 같지만 뉘앙스는 다릅니다. 把와 함께 쓰면서 기본어순이 한국어의 어순처럼 바뀌면서 주어가 목적어를 어떻게 처치하였는지를 나타냅니다.

把구문이 성립되려면 필요한 조건

첫째, 목적어가 특정한 것이어야 합니다.

둘째, 동사 뒤에는 반드시 기타성분이 따라붙습니다. (단, 过와 가능보어는 안 됩니다.)

셋째, 把가 전치사이므로, 부사나 조동사는 把보다 앞에 놓입니다.

我们把饭吃**了**。
wǒ men bǎ fàn chī le

우리는 밥을 먹었다. 동태조사 **了**

你把我的包拿**着**。
nǐ bǎ wǒ de bāo názhe

너 내 가방 들고 있어. 동태조사 **着**

他把房间打扫**得**很干净。　　그는 방 청소를 깨끗하게 했다.　　정도보어
tā bǎ fáng jiān dǎ sǎo de hěn gān jìng

부정형 不把 [bù bǎ] / 没把 [méi bǎ]

妹妹**不把**他当朋友。　　여동생은 그를 친구로 여기지 않는다.
mèimei bù bǎ tā dāng péngyou

他**不把**我的话当真。　　그는 내 말을 진실로 여기지 않는다.
tā bù bǎ wǒ de huà dāngzhēn

我**没把**饭吃完。　　나는 밥을 다 먹지 못했다.
wǒ méi bǎ fàn chī wán

他**没把**钱还给我。　　그는 돈을 나에게 돌려주지 않았다.
tā méi bǎ qián huán gěi wǒ

我还**没把**书读完。　　나는 아직 책을 다 읽지 않았다.
wǒ hái méi bǎ shū dú wán

把구문이 성립되지 않는 경우

목적어가 있다고 모든 문장이 把구문이 될 수 있는 건 아닙니다. '把'구문에 사용되는 동사는 반드시 **타동사**여야 합니다. 목적어에 영향을 미치지 못하는 자동사에는 사용할 수 없습니다.

동작의 변화를 나타내지 못하는 동사	是, 有, 在 …
심리동사	喜欢, 高兴, 害怕, 愿意 …
신체의 동작을 나타내는 동사	走, 座, 跑, 睡 …
감각이나 지각을 나타내는 동사	知道, 认识, 懂, 觉得, 明白 …
방향을 나타내는 동사	上, 下, 进, 出, 来, 去 …

我喜欢他。　나는 그를 좋아한다.　➡　我把他喜欢了。 (×)
wǒ xǐ huan tā

他看了我。　그는 나를 보았다.　➡　他把我看了。 (×)
tā kàn le wǒ

我走路了。　나는 길을 걸었다.　➡　我把路走了。 (×)
wǒ zǒulù le

이와 같이 자동사로 된 문장은 把구문이 성립되지 않습니다.

어기조사 **~吧** [ba] ~해라, ~하자, ~이겠지

어기조사란 문장의 끝에 붙어서 문장 전체의 기운을 바꿔주는 조사로 명령, 권유, 제안이나 추측을 나타내며 '~해라, ~하자, ~이겠지'라는 뜻으로 쓰입니다.

		명령 / 제안		추측	
가다	去	가라 / 가자	去吧	갔겠지?	去了吧?
보다	看	봐라 / 보자	看吧	봤겠지?	看了吧?
듣다	听	들어라 / 듣자	听吧	듣겠지?	听了吧?
쓰다	写	써라 / 쓰자	写吧	썼겠지?	写了吧?
말하다	说	말해라 / 말하자	说吧	말했겠지?	说了吧?

어기조사 **~来着** [láizhe]

문장의 끝에 붙어서 '그게 뭐였더라?'와 같은 가벼운 의문을 나타내거나 혹은 혼잣말을 할 때에도 사용되며 흔히 이미 발생한 사실에 대해 물어볼 때 쓰는 **어기조사**로 부정형은 없습니다.

你叫什么(名字)来着?
nǐ jiào shénme (míngzi) láizhe
당신은 이름이 뭐**였죠**?

这个字怎么写来着?
zhège zì zěnme xiě lái zhe
이 글씨 어떻게 썼**더라**?

他是谁来着?
tā shì shéi lái zhe
그가 누구**였더라**?

这是什么时候来着?
zhè shì shénme shíhòu lái zhe
이거 언제**였더라**?

今天的约会,几点**来着**?　오늘 약속, 몇 시**였더라**?

jīntiān de yuēhuì jǐdiǎn láizhe

29 还有别的吗?

더 필요한 거 있으세요?

A 要一个锅包肉和一盘饺子。
yào yígè guōbāoròu hé yìpán jiǎozi

탕수육 하나랑 만두 한 접시 주세요.

B 还要别的吗?
hái yào biéde ma

더 필요한 거 있으세요?

A 再要一听可乐。
zài yào yìtīng kělè

콜라 한 캔도 주세요.

B 好的,请稍等。
hǎode, qǐngshāoděng

네, 잠시만 기다려주세요.

빈도부사 还 [hái] 아직, 여전히, 계속해서

你还在等我吗?
nǐ hái zài děng wǒ ma

너 **아직도** 나를 기다리고 있니?

你还写作业?
nǐ hái bù xiě zuò yè

너 **아직도** 숙제를 하지 않니?

他还没起床。　　그는 **아직** 일어나지 **않았다**.
tā hái méi qǐchuáng

我还没回家。　　나는 **아직** 귀가하지 **않았다**.
wǒ hái méi huíjiā

 起床 qǐchuáng (잠자리에서) 일어나다, 기상하다

还는 뒤에 동사가 쓰이면 '또, 더, 나머지'의 의미로 해석됩니다.

还要别的吗?　　다른 거 **더** 필요하신가요?
háiyào biéde ma

还要说什么吗?　　무엇을 **더** 말하시겠어요? (**더** 할 말 있어요?)
háiyào shuō shénme ma

我还有一个面包。　　난 아직 빵이 한 개 **더** 있다.
wǒ háiyǒu yíge miànbāo

你明天还去吗?　　너 내일 **또** 가니?
nǐ míngtiān hái qù ma

동사 **还** [huán] 돌려주다, 되갚다

또 还는 부사가 아닌 동사로 쓰는 경우도 있는데 이때에는 hái가 아닌 huán으로 발음합니다.

还我钱!
huán wǒ qián

내 돈 **갚아!**

你快还给我。
nǐ kuài huán gěi wǒ

빨리 **돌려줘**.

你什么时候还我?
nǐ shén me shí hòu huán wǒ

너 언제 나에게 **돌려줄** 거야?

你到底还不还?
nǐ dào dǐ huán bù huán

너 도대체 **갚을 거야 안 갚을 거야?**

被bèi**구문**

把구문 외에도 목적어가 도치되는 피동문이 있습니다. 被, 叫, 让 등의 전치사를 써서 목적어와 주어의 자리를 바꾸어주며, '~에게 ~를 당하다'라고 해석되며, 전치사 被를 이용하여 주어와 목적어의 위치를 바꾸는 문장으로, '목적어는 주어에게 동사당하다'로 해석됩니다.

중국어의 기본어순			被구문의 어순		
주어	술어	목적어	목적어	被주어	술어
他 그	打 때리다	我 나	我 나	被他 그에게	打 맞다
妈妈 엄마	骂 mà 욕하다	我 나	我 나	被妈妈 엄마한테	骂 욕을 먹다
老师 선생님	批评 pī píng 비평하다	学生 학생	学生 학생	被老师 선생님한테	批评 비평받다
小偷 xiǎo tōu 도둑	偷走 tōu zǒu 훔쳐가다	钱包 지갑	钱包 지갑	被小偷 도둑에게	偷走 훔쳐가졌다

||||| 중국어 기본어순의 문장과 被구문

중국어 기본어순의 문장 (주+술+목)	被구문의 문장 (목+被주+술)
朋友骗他了。 péngyou piàn tā le 친구가 그를 속였다.	他被朋友骗了。 tā bèi péngyou piàn le 그는 친구에게 속았다.
弟弟骑走了我的自行车。 dìdi qí zǒu le wǒ de zìxíngchē 남동생이 내 자전거를 타고 갔다.	我的自行车被弟弟骑走了。 wǒ de zìxíngchē bèi dìdi qí zǒu le 내 자전거를 남동생이 타고 갔다.

雨淋湿了她的衣服。 yǔ línshī le tā de yīfu 비가 그녀의 옷을 젖혔다.	她的衣服被雨淋湿了。 tā de yīfu bèi yǔ línshī le 그녀의 옷은 비에 젖었다
风吹走了房子。 fēng chuī zǒu le fángzi 바람이 집을 날렸다.	房子被风吹走了。 fángzi bèi fēng chuī zǒu le 집이 바람에 날아갔다.

 淋湿 línshī 젖다

被구문이 성립되려면 필요한 조건

첫째, 목적어가 있어야 하므로 자동사는 안 되며 동작성이 있는 동사여야 합니다.

둘째, 被 외에 让, 叫도 같은 뜻인데, 被만 뒤에 오는 명사의 생략이 가능합니다.

셋째, 부사와 조동사는 전치사 被 앞에 씁니다.

她被我哭了。　　(×)　　그녀는 나에게 울려졌다. **哭**는 자동사
tā bèi wǒ kū le

他被我喜欢了。　(×)　　그는 나에게 좋아졌다. **喜欢**은 동작성이 없는 동사
tā bèi wǒ xǐ huān le

鱼被那只猫吃了。　　　생선은 그 고양이가 먹어치웠다.
yú bèi nà zhī māo chī le

他被女朋友甩了。
tā bèi nǚ péng you shuǎi le

그는 여자 친구에게 차였다.

自行车没被偷走。
zìxíngchē méi bèi tōu zǒu

자전거는 도둑맞지 않았다.

他没被骗。
tā méi bèi piàn

그는 속지 않았다.

 哭 kū 울다 | 甩 shuǎi 차다 | 偷 tōu 훔치다, 도둑질하다 | 骗 piàn 속이다, 기만하다

30 感冒了。
감기에 걸리다

A 你脸不好, 哪里不舒服吗?
nǐ liǎnsè bùhǎo, nǎlǐ bù shūfu ma

안색이 안 좋네요. 어디 불편하세요?

B 从昨晚到现在一直发高烧。
cóng zuówǎn dào xiànzài yìzhí fā gāoshāo

어제 밤부터 지금까지 계속 고열이 나요.

A 是不是感冒了?
shìbúshì gǎnmào le

감기 걸린 것 아닐까요?

B 好像是流感, 你也小心点儿。
hǎoxiàng shì liúgǎn, nǐyě xiǎoxīn diǎnr

유행성감기인 것 같아요, 당신도 조심하세요.

|||| **몸 상태가 좋지 않거나 아플 때 쓰는 다양한 표현**

感冒了 gǎn mào le 감기에 걸렸다	不舒服 bù shū fu 불편하다	打针 dǎ zhēn 주사를 맞다	住院 zhùyuàn 입원하다	头疼 tóu téng 두통, 머리가 아프다	牙疼 yá téng 치통, 이가 아프다
肚子疼 dù zi téng 배가 아프다	流鼻涕 liú bítì 콧물이 나다	头晕 tóu yūn 머리가 어지럽다	休息 xiū xi 휴식, 휴식을 취하다	发烧 fāshāo 열이 나다	没食欲 méi shíyù 식욕이 없다

가능보어 ① **得** [de] ~할 수 있다 / **不** [bù] ~할 수 없다

동사와 보어(결과, 가능) 사이에 得/不를 넣어주면 되는데 이것이 **가능보어**입니다.

"听懂了吗"는 '알아들었니?'라는 중국어 초급자들이 중국에 갔을 때 흔히 받게 되는 질문입니다. 이 질문에는 우리가 전에 배웠던 조동사(能, 会, 可以)를 이용해서 我能听懂。'알아들을 수 있다'라고 대답해도 됩니다. 하지만 중국인들은 가능보어를 사용하여 이런 표현을 많이 합니다.

동사		~할 수 있다		~하지 못하다	
기억하다	记住 jìzhù	记得住 jì de zhù	能记住 néng jìzhù	记不住 jì bu zhù	不能记住 bu néng jìzhù
알아보다	看懂 kàn dǒng	看得懂 kàn de dǒng	能看懂 néng kàn dǒng	看不懂 kàn bu dǒng	不能看懂 bu néng kàn dǒn
다 먹다	吃完 chī wán	吃得完 chī de wán	能吃完 néng chī wán	吃不完 chī bu wán	不能吃完 bu néng chī wán
생각해내다	想到 xiǎngdào	想得到 xiǎng de dào	能想到 néng xiǎngdào	想不到 xiǎng budào	不能想到 bu néng xiǎngdào
들어가다	进去 jìnqù	进得去 jìn de qù	能进去 néng jìnqù	进不去 jìn bu qù	不能进去 bu néng jìnqù
올라오다	上来 shàng lái	上得来 shàng de lái	能上来 néng shàng lái	上不来 shàng bu lái	不能上来 bu néng shàng lái
나가다	出去 chūqù	出得去 chū de qù	能出去 néng chūqù	出不去 chū bu qù	不能出去 bu néng chūqù

你**记得住**这些内容吗?　　　　너 이 내용들을 **기억할 수 있겠**니?
nǐ jì de zhù zhè xiē nèi róng ma

你**看得懂**英语吗?　　　　　　너 영어를 **알아볼 수 있겠**니?
nǐ kàn de dǒng yīng yǔ ma

你一个人**吃得完**吗?　　　　　너 혼자서 다 **먹을 수 있겠**니?
nǐ yí gè rén chī de wán ma

太累了,走**不动**了。　　　　　너무 지쳤어, 걸을 **수 없**어.
tài lèi le, zǒu bú dòng le

已经没有末班车,回**不去**了。　이미 막차가 끊겨서 돌아갈 **수 없**어.
yǐ jīng méi yǒu mò bān chē, huí bú qù le

가능보어 ② V+**得了** [děile] ~수 있다 / V+**不了** [bùliǎo] ~수 없다

문장의 끝에 得了, 不了만 붙으며 조동사를 사용할 때와 의미가 같아집니다.

동사		~수 있다		~수 없다	
		V+**得了**	能	V+**不了**	不能+V
먹다	吃 chī	吃**得了** chī de liǎo	**能**吃 néng chī	吃**不了** chī bu liǎo	**不能**吃 bù néng chī
오다	来 lái	来**得了** lái de liǎo	**能**来 néng lái	来**不了** lái bu liǎo	**不能**来 bù néng lái

하다	做 zuò	做**得**了 zuò de liǎo	**能**做 néng zuò	做**不了** zuò bu liǎo	**不能**做 bù néng zuò
참다	忍 rěn	忍**得**了 rěn de liǎo	**能**忍 néng rěn	忍**不了** rěn bu liǎo	**不能**忍 bù néng rěn
견디다	受 shòu	受**得**了 shòu de liǎo	**能**受 néng shòu	受**不了** shòu bu liǎo	**不能**受 bù néng shòu

||||| **예문** ||||

这些东西我一个人吃**得了**。
zhèxiē dōngxi wǒ yígè rén chī de liǎo
이 음식들을 나 혼자 다 먹을 **수 있다**.

= 这些东西我一个人**能**吃完。
zhèxiē dōngxi wǒ yíge rén néng chī wán

我真忘**不了**你对我的好。
wǒ zhēn wàng bu liǎo nǐ duì wǒ de hǎo
네가 나에게 대해준 호의를 정말 잊을 **수가 없다**.

= 我真**不能**忘你对我的好。
wǒ zhēn bù néng wàng nǐ duì wǒ de hǎo

我忍受**不了**他的脾气。
wǒ rěn shòu bù liǎo tā de píqì
나는 그의 성질을 참을 **수 없다**.

= 我**不能**忍受他的脾气。
wǒ bùnéng rěnshòu tā de píqì

 가능보어는 비교적 제약이 많은 편이다. 우선 동태조사 세 가지(了, 着, 过)가 함께 쓰일 수 없으며 **把**구문이나 **被**구문으로도 쓸 수 없다.

31 去医院
병원에 가다

A 你再觉得不好,就去医院吧。
nǐ zài juéde bùhǎo, jiù qù yīyuànba

또 안 좋은 것 같으면 바로 병원에 가보세요.

B 好的,别担心。
hǎode, bié dānxīn

알겠어요, 걱정하지 마세요.

A 打完针,看看恢复情况吧。
dǎ wánzhēn, kànkàn huīfù qíngkuàng ba

주사를 맞고 회복하는 걸 지켜보죠.

B 谢谢医生。
xièxie yīshēng

감사합니다, 의사선생님.

부사 **就** [jiù] 곧바로

就는 '(시간의 공백 없이 바로 연결되어) 당장, 곧바로'를 의미하는 부사인데, 시간을 나타내는 말이 앞에 붙으면 '이미, 벌써, 진작'을 뜻하기도 합니다. 就는 다양하게 등장이 빈번한 부사입니다.

> 我们马上**就**出发。　　우리 **곧바로** 출발 할게.
> wǒ men mǎ shàng jiù chū fā

他的秘密我早**就**知道了。
tā de mìmì wǒ zǎojiù zhīdàole

그의 비밀을 **진작** 알고 있었다.

我下班**就**给你打电话。
wǒ xiàbān jiù gěi nǐ dǎdiànhuà

퇴근하면 **바로** 너에게 전화를 할게.

我放学**就**回家。
wǒ fàngxué jiù huíjiā

학교가 끝나면 **바로** 집으로 간다.

我一躺下**就**睡着了。
wǒ yì tǎngxià jiù shuì zháo le

그가 눕자마자 **즉시** 잠이 들었어요. A하자마자 금방 B하다.

她喜欢的不是这个,**就**是那个。
tā xǐhuan de búshì zhège jiùshì nàge

그녀가 좋아하는 것은 이것이 아니면 **바로** 저것이다.

부사 **才** [cái] 겨우, ~에서야, 이제야

我现在**才**起床。
wǒ xiànzài cái qǐchuáng

난 **이제야** 일어났어.

你怎么**才**来?
nǐ zěnme cái lái

너 왜 **이제야** 오니?

我昨天12点**才**睡。
wǒ zuótiān shí'èr diǎn cái shuì

난 어제 12시가 돼**서야** 잤다.

就와 才 비교

就구문		才구문	
我今天**就**去 wǒ jīntiān jiù qù	나 오늘 (**바로**) 간다	我今天**才**去 wǒ jīntiān cái qù	나 오늘**에서야** 간다
他现在**就**下班 tā xiànzài jiù xiàbān	그는 지금 (**바로**) 퇴근 한다	他现在**才**下班 tā xiànzài cái xiàbān	그는 **이제야** 퇴근 한다
我八点**就**出发 wǒ bādiǎn jiù chūfā	나 8시에 (**바로**) 출발 한다	我八点**才**出发 wǒ bādiǎn cái chūfā	난 8시에 **겨우** 출발 한다
他明天**就**回国 tā míngtiān jiù huíguó	그는 내일이면 (**곧**) 귀국 한다	他明天**才**回国 tā míngtiān cái huíguó	그는 내일**에야** 귀국 한다

위에서 나온 바와 같이 **就**는 '~하자마자, 곧'이라는 뜻으로, 빠르다는 느낌을 주는 반면 **才**cái는 '~에 이르러서야'라는 뜻으로 늦었다는 느낌을 주는 부사입니다. **才**cái와 늘 비교되는 것이 **就**jiù인데 차이점을 잘 알고 정확하게 사용하는 것이 중요합니다.

MEMO

Chapter 08

실력 다지기 08

1. 단어

뜻	중국어	병음
① 병원		
② (요리를) 주문하다		
③ 여전히		
④ 감기에 걸리다		
⑤ 열이 나다		
⑥ 조심하다		
⑦ 곧, 바로		
⑧ 이제야, ~에서야		
⑨ 불편하다		
⑩ ~를/~을		

2. 빈칸에 알맞은 단어를 써서 문장을 완성하세요.

01) 请 (　　　) 菜单给我。　　　메뉴판 좀 주세요.

02) 最好吃的菜 (　　　) 什么?　　가장 맛있는 요리가 뭔가요?

03) 我的钱包 (　　　) 偷走了。　　내 지갑을 도둑맞았어요.

04) 别 (　　　) 我当孩子看。　　나를 어린아이처럼 보지 말아요.

05) 作业 (　　　) 没做完吗?　　숙제를 아직 다 끝내지 못했니?

06) (　　　) 我打电话吧。　　　나에게 전화 좀 해라.

07) 我 (　　　) 在等她。　　　난 그를 기다리는 것이 아니다.

08) 鱼 (　　　) 那只猫吃了。　　생선을 그 고양이가 먹어버렸어.

단어 菜单 càidān 메뉴판 | 最 zuì 제일, 가장 | 偷走 tōuzǒu 훔쳐가다 | 当 dāng 여기다

3. 다음 문장을 가능보어가 들어간 문장으로 바꿔보세요. (긍정문은 긍정문으로, 부정문은 부정문으로)

01) 我一个人能吃完。　➡ _____

02) 他们能听懂汉语。　　➡ _____

03) 他一个人能搬动。　　➡ _____

04) 我不能看懂你写的字。➡ _____

05) 我很害怕,不能睡着。➡ _____

06) 她不能等那么长时间。➡ _____

단어 搬动 bāndòng 옮기다, 움직이다 | 害怕 hàipà 겁내다, 무서워하다

4. 문장을 선으로 연결하여 회화를 완성하세요.

01) 吃药后休息一会儿,就会好的。 ·　　　　　· ⓐ 她叫小敏,是我的好朋友。

02) 今天天气怎么样? ·　　　　　　　　　· ⓑ 谢谢,医生。

03) 你记住了吗? ·　　　　　　　　　　· ⓒ 没听懂,请再说一遍。

04) 你听懂了吗? ·　　　　　　　　　　· ⓓ 再来一杯牛奶。

05) 你还要点什么? ·　　　　　　　　　· ⓔ 今天比昨天还热。

06) 她叫什么来着? ·　　　　　　　　　· ⓕ 记住了。

5. 把문장을 被문장으로, 被문장을 把문장으로 바꾸고 해석하세요.

01) 小偷把钱包偷走了。　　➡ 被구문 _____

　　　　　　　　　　　　　　➡ 해석 _____

02) 猫把鱼吃了。　　　　　➡ 被구문 _____

　　　　　　　　　　　　　　➡ 해석 _____

03) 小孩子把小狗抓住了。　➡ 被구문 _____

　　　　　　　　　　　　　　➡ 해석 _____

04) 他被朋友骗了。　　　　➡ 把구문 _____

　　　　　　　　　　　　　　➡ 해석 _____

05) 手机被弟弟弄坏了。　　➡ 把구문 _____

　　　　　　　　　　　　　　➡ 해석 _____

06) 帽子被风吹走了。　　　➡ 把구문 _____

　　　　　　　　　　　　　　➡ 해석 _____

단어 吹走 chuī zǒu 날아가다 | 抓住 zhuā zhù 잡다 | 骗 piàn 속다, 속이다 | 弄坏 nònghuài 망치다, 고장내다, 부수다

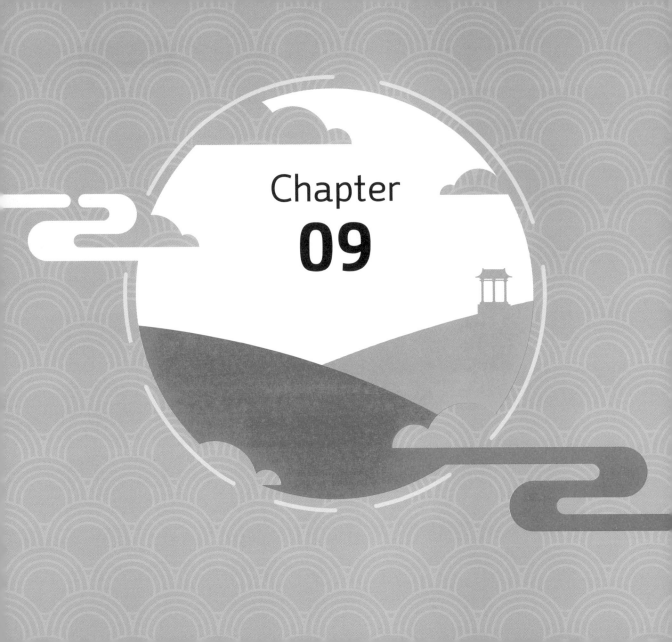

Chapter

09

환전해 주세요

귀국합니다

딱 한 번 가봤어요

요즘 점점 더 바빠져요

[실력다지기 09]

九章

32 换钱

환전해 주세요

A 我想换钱。
wǒ xiǎng huàn qián

환전하고 싶은데요.

B 是美元换人民币吗?
shì měiyuán huàn rén mín bì ma

달러를 위안으로 바꿀 건가요?

A 是的, 今天汇率怎么样?
shì de, jīntiān huìlǜ zěnmeyàng

네, 오늘 환율이 어때요?

B 汇率比昨天高一点儿。
huìlǜ bǐ zuótiān gāo yìdiǎnr

환율이 어제보다 조금 높아요.

은행 업무 보기

중국현지에서 계좌를 만들고 현금카드로 거래하면 보다 안전하고 편리하므로 은행 업무를 볼 때 알아두면 좋은 문장을 알아봅시다.

我想开个帐户。   계좌를 개설하려고요.
wǒ xiǎng kāi gè zhànghù

我想取现金。
wǒ xiǎng qǔ xiànjīn

현금을 찾으려고 하는데요.

我想办信用卡。
wǒ xiǎng bàn xìn yòng kǎ

신용카드를 만들려고요.

我想国际汇款。
wǒ xiǎng guó jì huì kuǎn

국제송금을 하려고 해요.

我要换零钱。
wǒ yào huàn língqián

잔돈을 바꾸려고 해요.

自动取款机在哪儿?
zì dòng qǔ kuǎn jī zài nǎ er

현금 자동인출기가 어디 있나요?

비교구문 比 [bǐ] ~보다

'A比B~'는 'A는 B보다 ~하다'라는 뜻으로 비교의 문장에 쓰입니다.

他(个子)**比我**高。
tā gèzi bǐ wǒ gāo

그는 **나보다** (키가) 크다.

汉语**比英语**好学。
hànyu bǐ yīngyǔ hǎo xué

중국어는 **영어보다** 배우기 쉽다.

妹妹**比姐姐**可爱。
mèi mei bǐ jiě jie kě'ài

여동생은 <u>언니**보다**</u> 귀엽다.

哥哥**比弟弟**胖。
gēge bǐ dìdi pàng

형은 <u>남동생**보다**</u> 뚱뚱하다.

비교구문 A 比 [bǐ] B 更 [gèng] ~ A는 B보다 더욱 ~하다

비교급의 뒤에는 更이나 还 같은 '더, 더욱' 등의 정도부사를 넣어서 표현할 수도 있습니다.

我**比你更**喜欢玩儿。
wǒ bǐ nǐ gèng xǐhuan wánér

나는 <u>너**보다** 더</u> 노는 것을 좋아해.

他**比我哥哥**还高。
tā bǐ wǒ gēge hái gāo

그는 <u>우리 형**보다** 더</u> 키가 크다.

비교구문의 긍정형 vs 부정형

	A **比** B + 비교결과	해석 : A는 B에 비해서 ~하다
비교문	你比我高一点儿 nǐ bǐ wǒ gāo yìdiǎnér	네가 나보다 (키가)조금 더 크다

	A **不比** B + 비교결과	해석 : A는 B보다 ~하지 않다
부정문	你不比我高 nǐ bù bǐ wǒ gāo	너는 나보다 (키가)크지 않다
	A **没(有)** B + 비교결과	해석 : A는 B만큼 ~하지 않다
부정문	你没我高 nǐ méi wǒ gāo	너는 나만큼 (키가)크지 않다

33 要回国了。

귀국합니다

A 快过年了, 要回国了吧。
kuài guòniánle, yào huíguóle ba

이제 곧 설날이라 귀국하시겠군요.

B 对, 我后天就要回国了。
duì, wǒ hòutiān jiùyào huíguóle

맞아요, 저는 모레면 귀국합니다.

所以打算先去买点儿礼物。
suǒyǐ dǎsuan xiānqù mǎi diǎnr lǐwù

그래서 먼저 선물 좀 사러 가려고요.

A 我陪你一起去, 怎么样?
wǒ péi nǐ yìqǐ qù, zěnmeyàng

그럼 내가 당신과 같이 사러 가줄까요?

B 那真是太谢谢了!
nà zhēnshì tài xièxie le

그럼 너무 감사하죠!

임박태 곧 ~이다, 곧 ~할 것이다

상태나 시간이 임박하였음을 표현하는 구문이며 임박태 표현에도 여러 가지가 있습니다.
다음의 예문에서 나오는 중국인들이 가장 흔히 쓰이는 3가지를 잘 이해하도록 합시다.

임박태 ① **要** [yào] ··· **了** [le] 먼 미래 혹은 가까운 미래에 일어날 일에 모두 사용 가능합니다.

外面**要**下雨**了**。 밝에 비가 <u>오려고 한다</u>.
wài miàn yào xià yǔ le

我**要**睡觉**了**。 난 잠을 <u>자려고 한다</u>.
wǒ yào shuì jiào le

我**要**回国**了**。 난 귀국 <u>할 것이다</u>.
wǒ yào huí guó le

임박태 ② **就要** [jiùyào] ··· **了** [le] 앞에 시간명사와 시간부사를 쓸 수 있습니다.

我明天**就要**回国**了**。 나는 내일이면 귀국한다.
wǒ míngtiān jiù yào huíguó le

我马上**就要**回家**了**。 나는 곧 집에 갈 것이다.
wo mǎshàng jiù yào huíjiā le

超市马上**就要**关门**了**。 마트는 곧 문을 닫을 것이다.
chāoshì mǎshàng jiù yào guānmén le

임박태 ③ **快要** [kuài yào] ···**了** [le] 앞에 시간명사&시간부사를 쓸 수 없습니다.

我快要下班了。 나는 **곧** 퇴근한다.
wǒ kuàiyào xiàbān le

他快要到了。 그는 **곧** 도착할 것이다.
tā kuài yào dào le

他六点快要到了。 （×） 그는 **여섯시에 곧** 도착한다.
tā liù diǎn kuài yào dào le

我马上快要下班了。 （×） 나는 **즉시 곧** 퇴근한다.
wo mǎshàng kuàiyào xiàbān le

접속사 **先** [xiān] **A** **然后** [ránhòu] **B** 먼저 A한 후 그 다음 B하다

연속 발생한 동작이나 일을 차례로 설명하는 문구를 말합니다.

先吃饭, 然后喝水。 **먼저** 밥을 먹고, **(그리고)** 물을 마신다.
xiān chīfàn ránhòu hē shuǐ

你先给我打电话, 然后我们约时间。 너 **먼저** 나한테 전화해, **그리고** 시간약속을 하자.
nǐ xiān gěi wǒ dǎdiànhuà ránhòu wǒmen yuē shíjiān

先听我说完,**再**说吧。 　먼저 내 얘기를 다 듣고 **나서** 말해.
xiān tīng wǒ shuō wán zài shuō ba

先开会,**再**决定。 　먼저 회의를 하고 **(그 다음)** 결정하자.
xiān kāihuì zài juédìng

 TIP 　'先A再B'도 '先A 然后B'와 같은 의미로 쓰인다.

34 只去过一回。

딱 한 번 가봤어요

A 你以前去过中国没有?
nǐ yǐqián qùguo Zhōngguó méiyǒu

당신은 전에 중국에 가본 적 있나요?

B 上中学的时候只去过一回。
shàng Zhōngxué de shíhou qùguo yìhuí

중학교 때 딱 한 번 가봤어요.

A 下次找机会我带你去。
xiàcì zhǎo jīhuì wǒ dàinǐ qù

다음에 기회를 봐서 제가 안내해 드릴게요.

B 真的吗? 那我就能放心地去了。
zhēndema　　nà wǒ jiù néng fàngxīn de qùle

정말요? 그럼 제가 마음 놓고 갈수 있겠군요.

동량사 동사 또는 행동의 횟수를 세는 양사

중국어에서 숫자로 표현할 수 있는 양을 말할 때는 시량사 혹은 동량사를 사용하는데 '세 번, 네 차례'와
같이 행동의 횟수를 세는 양사를 **동량사**라고 합니다.

这本书我看了一遍。　　이 책을 나는 **한 번** 보았다.
zhè běn shū wǒ kànle yíbiàn

我上周去了一趟北京。
wǒ shàng zhōu qù le yí tàng Běijīng

나는 지난주에 베이징에 **한 번** 갔다.

我吃过一次中国菜。
wǒ chī guò yícì zhōng guó cài

나는 중국 요리를 **한 번** 먹어본 적이 있다.

我见过她一面。
wǒ jiàn guò tā yí miàn

나는 그녀를 **한 번** 만난 적이 있다.

我们吃过一顿饭。
wǒ men chī guò yí dùn fàn

우리는 밥을 **한 끼** 먹은 적이 있다.

这一场比赛我们赢了。
zhè yì chǎng bǐsài wǒmen yíng le

이번 (**한 경기**)에 우리가 이겼다.

동량사의 앞에는 숫자뿐만 아니라 나이나 수량 등을 묻는 '몇'이라는 의문사 '几'를 사용하여 '여러 번, 여러 차례' 등의 표현도 가능합니다.

我给你打过几次电话。
wǒ gěi nǐ dǎ guò jǐcì diàn huà

나는 너에게 전화를 **여러 차례** 했어.

我以前见过他几面。
wǒ yǐ qián jiàn guò tā jǐ miàn

나는 예전에 그를 **몇 번** 만난 적이 있다.

의문사 **~没有** [méiyǒu] **?** ~했니?

의문사 '吗'처럼 '没有'도 문장 끝에서 의문을 나타내는 의문사로 쓸 수 있지만 '吗'는 현재 혹은 미래에 쓰는 의문사였다면 '没有'는 주로 과거에 대한 질문을 할 때 많이 쓰입니다.

A 你给他打电话了**没有**?
ni gěi tā dǎdiànhuà le méiyǒu
너 그에게 전화**했니**?

B 打过了,他说马上就到。
dǎ guò le, tā shuō mǎshàng jiù dào
전화 했었어, 곧 도착한다고 했어.

A 你到了**没有**?
nǐ dào le méiyǒu
너 도착**했니**?

B 我已经到了。
wǒ yǐjīng dào le
나 벌써 도착했어.

아래 의문사들을 읽고 차이점을 이해해봅시다.

일반의문문 **吗**	정반의문문 현재	의문사 **没有**	정반의문문 과거
他来吗? tā lái ma	他来不来? tā lái bu lái	他来了没有? tā lái le méiyǒu	他来没来? tā lái méi lái
그가 오니?		그가 왔니?	
你吃吗? nǐ chī ma	你吃不吃? nǐ chī bu chī	你吃了没有? nǐ chī le méiyǒu	你吃没吃? nǐ chī méi chī
너 먹니? / 너 먹을 거니?		너 먹었니?	

你听吗?	你听不听?	你听了没有?	你听没听?
nǐ tīng ma	nǐ tīng bu tīng	nǐ tīng le méiyǒu	nǐ tīng méi tīng
너 듣니? / 너 들을 거니?		너 들었니?	
你问吗?	你问不问?	你问了没有?	你问没问?
nǐ wèn ma	nǐ wèn bu wèn	nǐ wèn le méiyǒu	nǐ wèn méi wèn
너 물어볼 거니?		너 물어봤니?	

위에서와 같이 문장의 끝에 '没有'를 써서 어떤 동작이 진행되었거나 또는 완료하였는지에 대한 여부를
물을 때 사용하는 과거 정반의문문을 대체할 수 있습니다.

35 最近越来越忙了。

요즘 점점 더 바빠져요

A 这次你打算回国留几天?

zhècì nǐ dǎsuan huíguó liú jǐtiān

이번에 귀국하면 며칠 머무를 예정인가요?

B 不能留很长时间,大概一个星期吧。

bùnéng liú hěncháng shíjiān , dàgài yígèxīngqī ba

오래는 못 머물고, 아마 일주일 정도 될 거 같아요.

A 好不容易才回一次,怎么不多留几天?

hǎobù róngyì cái huíyícì, zěn me bù duō liú jǐ tiān

한 번 가기 쉽지 않은데, 왜 좀 더 계시지 않으세요?

B 因为我最近越来越忙了,回来还打算找工作。

yīnwèi wǒ zuìjìn yuèláiyuè mángle, huílái hái dǎsuan zhǎogōngzuò

(왜냐면) 요즘 점점 더 바빠지고 있고, 돌아오면 취직을 할 생각이거든요.

시량사 **시간, 날짜를 나타내는 표현**

지속된 시간의 양을 나타내는 양사를 **시량사**라고 합니다.

他睡了**十分钟**。
tā shuì le shí fēn zhōng

그는 **10분(동안)** 잤다.

我都等你**一个小时**了!
wǒ dōu děng nǐ yígè xiǎoshí le

나 너를 **한 시간**이나 기다렸어!

我们休息了**三天**。
wǒ men xiū xi le sān tiān

우리는 **3일간** 쉬었어.

他们认识了**一年**了。
tāmen rèn shi le yì nián le

그들은 서로 안 지 **1년**이다.

我们结婚快**三年**了。
wǒ men jiéhūn kuài sānnián le

우리가 결혼한 지 곧 **3년**이다.

他们俩认识没**几天**。
tāmen liǎ rènshi méi jǐtiān

그 둘은 서로 안지 **며칠** 되지 않았다.

他来首尔不到**一个月**。
tā lái Shǒu'ěr búdào yígè yuè

그가 서울에 온지 **한 달**이 안 된다.

부정문 상황에 따라 **不** [bù] / **没** [méi]

我们**一个月**没联系了。
wǒmen yígè yuè méi liánxìle

우리 **한 달 동안** (서로) 연락이 **없**었다.

我一年没回家了。
wǒ yì nián méi huí jiā le

나는 **1년간** 집에 가지 **않**았다.

점층표현 ① 越来越 [yuèláiyuè] ～ ~하면 할수록, 점점 더~

越来越는 점층의 관계를 나타내는 '점점 더 ~해지다, 갈수록 ~하다'라는 표현이므로 뒤에는 꼭 변화된 결과를 동반합니다.

她越来越好看了。
tā yuèláiyuè hǎokàn le

그녀는 **점점 더** 예뻐진다 .

你越来越胖了。
nǐ yuèláiyuè pàng le

너 **점점 더** 살찐다.

天气越来越冷了。
tiānqì yuèláiyuè lěngle

날씨가 **갈수록** 더 추워진다.

他越来越懒了。
tā yuèláiyuè lǎn le

그는 **점점 더** 게을러진다.

压力越来越大了。
yālì yuèláiyuè dàle

스트레스가 **갈수록** 많아진다.

成绩越来越提高了。
chéngjì yuèláiyuè tígāo le

성적이 **점점 더** 향상된다.

점층표현 ② 越 [yuè] **A** 越 [yuè] **B** ~할수록 ~하다

发音**越**练**越**好。
fāyīn yuè liàn yuè hǎo

발음은 연습을 할**수록** 좋아진**다**.

钱**越**多**越**好。
qián yuè duō yuè hǎo

돈은 많으면 많을**수록** 좋**다**.

这首歌**越**听**越**好听。
zhè shǒu gē yuètīng yuè hǎotīng

이 노래는 들을**수록** 듣기 좋**다**.

妹妹**越**看**越**可爱。
mèimei yuèkàn yuè kě'ài

여동생은 보면 볼**수록** 더 귀엽**다**.

부정문 越 [yuè] **~越不** [yuè bú] **~** / 越 [yuè] **~越没** [yuè méi] **~** ~할수록 ~하지 않다

弟弟**越**长大**越不**听话。
dìdi yuè zhǎngdà yuè bùtīnghuà

남동생은 클**수록** 더 말을 **안** 듣는다.

这电视剧**越**看**越没**意思。
zhè diànshì jù yuèkàn yuè méiyìsi

이 드라마는 볼**수록** 재미가 **없다**.

睡觉时间**越**晚**越不**好。
shuìjiào shíjiān yuèwǎn yuè bùhǎo

잠자는 시간이 늦을**수록** 좋지 **않다**.

生活越过越不好。
shēnghuó yuè guò yuè bù hǎo

생활이 갈**수록** **안** 좋아지고 있다.

Chapter 09

실력 다지기 09

1. 단어

뜻	중국어	병음
① 더욱~		
② ~보다		
③ ~할수록 점점 더 ~하다		
④ 곧 ~할 것이다 (임박태)		
⑤ 귀국하다		
⑥ 먼저 ~, 그다음 ~하다		
⑦ 연락		
⑧ 재미있다		
⑨ 성적		
⑩ 뚱뚱하다, 살찌다		

2. 아래 문구들을 뜻에 맞게 빈칸에 채워 넣으세요.

起来　　先…然后　　比…更　　上　　越来越　　没…过

01) 我最近（　　　　）胖了,我得减肥。

02) 进来的时候把门关（　　　　）。

03) 我们（　　　　）吃饭,（　　　　）喝咖啡吧。

04) 今天（　　　　）昨天（　　　　）热。

05) 他们打（　　　　）了。

06) 我从来（　　　　）去（　　　　）美国。

3. 아래 단어의 순서를 올바르게 나열하여 문장을 완성해보세요.

01)　我　过　去　美国　以前　　➡ _____

02)　中国菜　过　吃　没有　你　　➡ _____

03) 他　了　病　的　好　起来　➡ _____

04) 越来越　天气　了　冷　最近　➡ _____

05) 比哥哥　高　弟弟　➡ _____

06) 等　你　一个小时　我　了　➡ _____

4. 제시된 단어를 이용하여 아래 문장을 완성하세요.

01) (가격이) 저렴할수록 좋아요.

便宜　好　➡ _____

02) 많이 연습할수록 성적이 좋아져요.

练习　成绩　➡ _____

03) 강아지는 볼수록 영리해요.

小狗　聪明　➡ _____

04) 그는 화가 날수록 침착해져요.

生气　冷静　　➡ _____

05) 그가 서울에 온 지 2년이 됐어요.

首尔　两年　　➡ _____

06) 나는 이 소설을 세 번 읽었어요.

这小说　三遍　　➡ _____

07) 기차를 타고 삼일이 걸렸다.

坐火车　三天　　➡ _____

08) 한 시간도 안 걸려 도착해요.

一个小时　到　　➡ _____

5. 임박태 快要**와** 就要**중에서 알맞은 것을 골라 문장을 완성하세요.**

01) 他明天（　　　　）回国了。

02) 我们（　　　）下班了。

03) 我现在（　　　）睡觉了。

04) 我（　　　）去美国留学了。

05) 马上（　　　）下雨了。

06) 她（　　　）走了。

MEMO

Chapter
10

많이 듣고, 많이 연습하고, 많이 말합니다

한국과 같아요

여동생이 나에게 ~를 부탁 했어요

공항까지 데려다 줄게요

[실력다지기 10]

36 要多听、多练、多说。

많이 듣고, 많이 연습하고, 많이 말합니다

A 想学好汉语,有什么好办法?
xiǎng xuéhǎo hànyǔ, yǒushénme hǎo bànfǎ
중국어를 잘 하고 싶은데 좋은 방법이 있을까요?

B 你得每天练习听、读,最好再把练习的写下来。
nǐděi měitiān liànxí tīng,　　dú, zuìhǎo zài bǎ liànxíde xiě xiàlái
매일 듣기연습, 읽기, 가장 좋기는 연습한 내용을 적어보는 것입니다.

A 多听、多练、多说,是吗?
duōtīng　　duōliàn　　duō shuō shìma
많이 듣고, 많이 연습하고, 많이 말하기요?

B 是的,只要坚持下去,很快就能学好。
shìde zhǐyào jiānchíxiàqù hěnkuài jiù néng xuéhǎo
네, 꾸준히 견디어내기만 한다면 곧 중국어를 마스터할 수 있게 될 거에요.

조동사 **得** [děi] ~ ~해야 한다

어떤 일을 할 예정이거나 본인의 의지로 할 생각이 있음을 표현하는 조동사 要를 배운 적 있습니다.

오늘의 得děi는 要와 비슷한 부분도 있지만 다소 표현의 차이가 있으며 **마땅히 해야만 하는 것, 하지 않으면 안 되는 것을 나타낼 때 쓰는 조동사**이며 비슷한 의미의 조동사로는 应该yīnggāi(마땅히 ~해야 한다)도 있습니다.

你每天都**得**刷牙。
ni měitiān dōu děi shuāyá

너는 매일 양치를 **해야 한다**.

我六点就**得**回家。
wǒ liù diǎn jiù děi huíjiā

난 6시가 되면 집에 가**야 한다**.

你吃完饭就**得**吃药。
nǐ chī wán fàn jiù děi chī yào

너 밥을 다 먹으면 곧 약을 먹어**야 한다**.

你今天必须**得**完成。
nǐ jīntiān bìxū děi wánchéng

너 오늘 반드시 완성**해야만 해**.

해야 한다는 의미를 가진 조동사 得 | 要 | 应该의 비교문

~해야 한다	**得**děi 싫지만 해야 하는 것	**要**yào 해야 하는 것	**应该**yīnggāi 도덕적으로 해야 하는 것
넌 1시 비행기를 **타야 해**	你**得**坐1点的飞机 nǐ děi zuò yīdiǎn de fēijī	你**要**坐1点的飞机 nǐ yào zuò yīdiǎn de fēijī	你**应该**坐1点的飞机 nǐ yīnggāi zuò yīdiǎn de fēijī
	다른 기회가 없음	다른 기회가 있음	다른 기회가 있긴 있음

난 오늘 야근을 **해야 해**	我今天**得**加班 wǒ jīntiān **děi** jiābān	我今天**要**加班 wǒ jīntiān **yào** jiābān	我今天**应该**加班 wǒ jīntiān **yīnggāi** jiābān
	야근 안하면 안 됨	야근 안 해도 됨	원래는 야근해야 함

방향보어

중국어에서는 대화의 묘미를 잘 살려주는 요소 중의 하나가 **방향보어**입니다.

他**进来**了。 그가 **들어왔**다.
tā jìnlái le

爸爸**进去**了。 아빠가 **들어가**셨다.
bàba jìnqu le

妈妈**出来**了。 엄마가 **나오**셨다.
māma chūlái le

她**出去**了。 그녀가 **나갔**다.
tā chūqù le

실생활에서 자주 쓰는 말

||||| **下来** | **下去** : 내려오다, 내려가다, ~해 나가다 ┄┄┄┄┄┄┄┄┄┄┄┄┄┄┄┄┄┄┄┄┄┄┄┄┄┄

你快**下来**! 너 빨리 **내려와**! 내려오다, 방향
nǐ kuài xiàlái

教室里突然安静**下来**了。 교실안은 갑자기 조용**해졌**다. 조용하게 되었다
jiàoshì lǐ tūrán ānjìng xiàlái le

我把老师的话记**下来**了。
wǒ bǎ lǎoshī de huà jì xiàlái le

난 선생님의 말씀을 적어**놓았**다. 기록을 해두다

我看不**下去**了。
wǒ kàn bú xiàqù le

더 이상 못 **보겠**다. 눈을 뜨고 봐주다

他继续讲**下去**了。
tā jì xù jiǎng xià qù le

그는 계속 설명해 **내려갔**다. 하던 얘기를 끝까지 하다

━━━━ **上 : ~하게 되다** | **上去 : 오르다** ━━━━━━━━━━━━━━━━━━━━━━━━

把门关**上**。
bǎmén guānshàng

문을 **닫으세**요. 분리된 것을 결합시키다

我爱**上**她了。
wǒ ài shàng tā le

나는 그녀를 사랑**하게 되**었다. 사랑하는 마음이 생겨나다

他看**上**我妹妹了。
tā kàn shàng wǒ mèimei le

그는 내 여동생을 마음에 **들어 한**다. 눈에 들어서 반하게 되다

我们**上去**吧。
wǒmen shàng qù ba

우리 **올라가**자. 올라가다, 방향

방향보어에서 장소가 목적어로 올 때에는 장소명을 来나 去앞에 써서 '~로 들어갔다'를 나타냅니다.

老师**进教室来**了。
lǎoshī jìn jiàoshì lái le
선생님이 **교실**로 **들어왔**다. 화자는 장소 안에 있음

老师**进教室去**了。
lǎoshī jìn jiàoshì qù le
선생님이 **교실**로 **들어갔**다. 화자는 장소 밖에 있음

복합방향보어

가장 기본적인 방향보어는 '来'와 '去'입니다. 여기에 방향성이 있는 기타 동사 上, 下, 进, 出, 回, 过, 起 등을 붙여서 표현할 수 있는데 이것이 바로 **복합방향보어**입니다.

	上	下	进	出	回	过	起
来	上来	下来	进来	出来	回来	过来	起来
去	上去	下去	进去	出去	回去	过去	-

他走**上来**了。
tā zǒu shàng lái le
그는 **걸어서 올라왔**다.

他跑**进去**了。
tā pǎo jìn qù le
그는 **달려서 들어갔**다.

弟弟跑出来了。
dìdi pǎo chū lái le

남동생은 **달려서 나왔**다.

小孩子跑过来了。
xiǎo hái zi pǎo guò lái le

아이는 **달려서 (다가)왔**다.

他们跳起来了。
tā men tiào qǐ lái le

그들은 **뛰기 시작**했다.

她们走回去了。
tā men zǒu huí qù le

그녀들은 **걸어서 돌아갔**다.

판단·추측 **~起来** [qǐlái] 일어나다, 보아하니 ~하다, ~하기 시작하다

起来는 '일어나다'라는 의미를 가진 동사이지만 관용적으로도 매우 많이 쓰이는 표현이니 알아두면 좋습니다. 看, 听, 说, 想 등 동사의 뒤에 쓰여 판단이나 추측의 의미를 나타냅니다.

他看起来很年轻。
tā kànqǐlái hěn nián qīng

그는 **보아하니** 아주 젊어 보이는군요.

这首歌听起来很耳熟。
zhè shǒu gē tīng qǐlái hěn ěr shú

이 노래 **들어보니** 귀에 익어.

这件事说起来很长。
zhè jiàn shì shuō qǐlái hěn cháng

이 일은 **말하자면** 길어.

啊,我**想起来**了!
a, wǒ xiǎng qǐ lái le

아, 나 **생각이 났**어!

请大家站**起来**。
qǐng dàjiā zhànqǐlái

여러분 **일어나**세요. 일어서는 방향

他的病**好起来**了。
tā de bìng hǎo qǐ lái le

그의 병이 **좋아지기 시작**했다.

弟弟开始**哭起来**了。
dìdi kāishǐ kū qǐ lái le

남동생은 **울기 시작**했다.

他们**打起来**了。
tāmen dǎ qǐ lái le

그들은 **싸우기 시작**했다.

조건관계 복문 **只要** [zhǐyào] ···**就** [jiù] ~하기만 하면 ~한다

只要努力,成绩**就**能向上。
zhǐyào nǔlì, chéngjì jiù huì xiàngshàng

노력**하기만 하면** 성적은 오른**다**.

只要不下雨,我们**就**出去玩儿。
zhǐyào bú xiàyǔ, wǒmen jiù chūqù wáner

비만 안 온**다면** 우리는 나가서 논**다**.

只要你愿意,我**就**跟你去。
zhǐyào nǐ yuànyì, wǒ jiù gēn nǐ qù

너만 원한**다면** 난 너와 함께 갈**게**.

37 跟韩国一样。

한국과 같아요

A 最近中国是什么季节?
zuìjìn Zhōngguó shì shénme jìjié
요즘 중국은 무슨 계절인가요?

B 跟韩国一样,也是春天。
gēn Hánguó yíyàng, yě shì chūntiān
한국과 마찬가지로, 역시 봄이에요.

A 中国也是一年四季,有春、夏、秋、冬吗?
Zhōngguó yě shì yìniánsìjì,　　yǒu chūn, xià,　　qiū,　　dōngma
중국도 1년에 사계절로 봄, 여름, 가을, 겨울이 있나요?

B 是的,但是中国也有一年四季都是夏天的地方。
shì de, dàn shì zhōng guó yě yǒu yì nián sì jì dōu shì xià tiān de dì fang
맞아요, 그러나 중국에는 사계절이 여름인 곳도 있어요.

긍정문 **A 跟** [gēn] **B 一样** [yíyàng] A는 B와 같다

'A는 마치 B와 같다'는 A跟B一样 혹은 A像B一样 등의 형식으로 표현합니다.

我跟你一样。
wǒ gēn nǐ yíyàng

나는 **너와 같다**. 생각이나 외모 등 어떠한 것이 닮았거나 같다

我的想法也跟你一样。
wǒde xiǎngfǎ yěgēn nǐ yíyàng

내 생각도 너**와 같다**. 생각이 같다

他跟哥哥一样高。
tā gēn gēge yíyàng gāo

그는 형**처럼** 키가 크다. 형과 마찬가지이다

你来和我去都一样。
nǐ lái hé wǒqù dōu yíyàng

네가 오나 내가 가나 같다.

我要买一件跟她一样的衣服。
wǒ yào mǎi yíjiàn gēn tā yíyàng de yīfu

나는 그녀**와 같은** 옷을 사려고 한다.

我的计划也和你一样。
wǒde jìhuà yě hé nǐ yíyàng

나의 계획도 너**와 같아**.

他妹妹像明星一样漂亮。
tā mèimei xiàng míngxīng yíyàng piàoliang

그의 여동생은 연예인**처럼** 예쁘다.

부정문 **A 跟** [gēn] **B 不一样** [bù yíyàng] A는 B와 같지 않다

'A는 B와 같지 않다'는 표현은 A跟B不一样 혹은 A和B不一样의 형식으로 표현합니다.

我**跟**他**不一样**。
wǒ gēn tā bù yí yàng

나는 그**와 다르다.**

我的想法**跟**你**不一样**。
wǒ de xiǎng fǎ gēn nǐ bù yíyàng

나의 생각은 너**와 다르다.**

我买的**跟**你买的**不一样**。
wǒ mǎi de gēn nǐ mǎi de bù yíyàng

내가 산 것**과** 네가 산 것은 **같지 않다.**

她(长得)**跟**妈妈**不一样**。
tā (zhǎng de) gēn māma bù yíyàng

그녀는 엄마**와** (생긴 것이) **다르다.**

你的包**和**他的包**不一样**。
nǐ de bāo hé tā de bāo bù yíyàng

너의 가방**과** 그의 가방은 **다르다.**

我**和**你们**不一样**。
wǒ hé nǐ men bù yíyàng

난 너희들**과 같지 않다.**

你说的怎么**跟**上次说的**不一样**?
nǐ shuō de zěn me gēn shàng cì shuō de bù yí yàng

너 왜 지난번**과 다른** 말을 하니?

38 我妹妹让我~。

여동생이 나에게 ~를 부탁 했어요

A 我妹妹让我回家时帮她买些东西。
wǒ mèimei ràngwǒ huíjiā shí bāng tā mǎi xiē dōngxi
여동생이 집에 갈 때 뭐 좀 사다달라고 했어요.

B 她需要什么东西啊?
tā xūyào shénmedōngxī a
그녀는 뭐가 필요하대요?

A 她最喜欢吃,让我买韩国拉面带回去。
tā zuì xǐhuan chī, ràngwǒ mǎi Hánguó lāmiàn dàihuíqù
그녀는 먹는 것을 좋아해서, 한국 라면 좀 사다 달래요.

B 是吗? 果然韩国拉面在国外很受欢迎!
shìma   guǒrán Hánguó lāmiàn zài guówài hěn shòu huānyíng
그래요? 역시 한국라면이 해외에서 인기가 있네요!

겸어문 让 [ràng] ~하라고 시키다, ~하게 하다

한 문장에 동사가 두 개 이상 나오는 구문을 연동문 또는 겸어문이라고 합니다. 연동문은 주어가 하나인

반면, 겸어문은 앞에 있는 술어의 목적어가 뒷동사의 주어가 되어 주어와 목적어를 겸하므로 두 개의 주어가 있는 문장을 말합니다.

연동문 & 겸어문의 비교 & 차이점

연동문	겸어문
我去北京见朋友 wǒ qù běijīng jiàn péngyou 나는 친구 만나러 베이징에 간다 ➡ **나**는 베이징에 간다 + **나**는 친구를 만난다	**我请他来我家** wo qǐng tā lái wǒjiā 나는 그를 우리 집에 초대했다 ➡ **나**는 <u>그</u>를 초대했다 + <u>그</u>는 우리 집에 온다
妹妹去美国学英语 mèimei qù měiguó xué yīngyǔ 여동생은 미국에 가서 영어를 배운다 ➡ **여동생**은 미국에 간다 + **여동생**은 영어를 배운다	**妈妈叫我回家** māma jiào wǒ huíjiā 엄마는 나를 집에 오라고 했다 ➡ **엄마**는 <u>나</u>를 불렀다 + <u>나</u>는 집에 간다
朋友去图书馆学习 péngyou qù túshūguǎn xuéxí 친구는 도서관에 가서 공부를 한다 ➡ **친구**는 도서관에 간다 + **친구**는 공부를 한다	**我让弟弟打扫房间** wǒ ràng dìdi dǎ sǎo fáng jiān 나는 남동생에게 방을 청소하라고 시켰다 ➡ **나**는 <u>남동생</u>을 시켰다 + <u>남동생</u>은 방을 청소한다
他回家睡觉 tā huíjiā shuìjiào 그는 집에 가서 잠을 잔다 ➡ **그**는 집에 간다 + **그**는 잠을 잔다	**朋友请我吃饭** péngyou qǐng wǒ chīfàn 친구는 나에게 밥을 샀다(한턱 쏘다) ➡ **친구**는 <u>나</u>를 청했다 + <u>나</u>는 밥을 먹는다

표에서 보았듯이 연동문은 1개의 주어, 2개의 술어와 목적어, 겸어문에는 2개의 주어가 각각 1개의 술어와 목적어를 가지고 있는 걸 확인할 수 있습니다.

의문·확인·놀라움 **是吗** [shì ma] 맞지?

是吗는 사용위치에 따라서 다른 의미를 나타냅니다.

|||| **문장의 끝 : 확인을 나타냅니다** --

你今天不上班, 是吗?
nǐ jīntiān bú shàngbān, shì ma
너 오늘 출근 안하는 거 **맞지?**

他是你弟弟, 是吗?
tā shì nǐ dìdi, shì ma
그는 너의 남동생 **맞지?**

|||| **문장의 앞 : 의외, 놀라움을 나타냅니다** --

是吗? **你真的认识他吗?**
shì ma　　nǐ zhēnde rènshi tā ma
정말이니? 너 정말 그를 알아?

是吗? **他真的考上北大了吗?**
shì ma　　tā zhēn de kǎoshang běidà le ma
정말이니? 그가 정말 베이징대학에 합격했니?

TIP 이와 같이 **是吗**의 문장에서의 위치에 따라서도 의미의 차이가 있으니 잘 익히고 활용해보자. 그 외에도 정반의문문으로 된 의문사 **是不是**도 **是吗**와 같이 사용된다.

어기조사 **啊** [ā] 감탄, 의문

문장의 끝에서 감탄이나 상황에 따라서 의문의 표현을 나타내기도 하고 깨달음을 나타내기도 하며 구어체로 흔히 쓰이는 표현입니다. 자주 쓰이는 표현이므로 알아두면 좋습니다.

TIP 인기가 있다는 표현은 다양한데 **受欢迎**(환영을 받다)외에도 **有人气**(인기가 있다)라는 표현, 혹은 요즘 젊은이들이 흔히 쓰는 표현 '잘 나간다' 혹은 '핫하다'라는 표현도 있는데 중국어는 **吃香**chīxiāng이라고 표현한다.

39 我送你到机场吧。

공항까지 데려다 줄게요

A 明天我送你到机场吧。
míngtiān wǒ sòng nǐ dào jīchǎng ba

내일 내가 공항까지 데려다 줄게요.

B 真的吗? 太感谢了!
zhēnde ma tài gǎnxièle

진짜? 정말 고마워요.

A 护照和机票别忘了,带好了。
hùzhào hé jīpiào bié wàngle, dài hǎole

여권이랑 티켓 잊지 말고 잘 챙겨요.

B 好的,那明天见吧。
hǎode, nà míngtiān jiànba

네, 알겠어요. 그럼 내일 봐요!

──── ‖‖‖ **공항에서 흔히 볼 수 있는 표지판과 관련 용어** ─────────────────

国内航班
guónèihángbān
국내선

签证
qiānzhèng
비자

国际航班
guójìhángbān
국제선

到达时间
dàodáshíjiān
도착시간

护照
hùzhào
여권

登机口
dēngjīkǒu
탑승구

转机
zhuǎnjī
환승

行李领取处
xíngli lǐngqǔ chù
수하물 찾는 곳

登机牌
dēngjīpái
탑승권

사역긍정문 **让** [ràng] ~ / **叫** [jiào] ~ / **请** [qǐng] ~ ~에게 ~를 시키다

你**让**他们自己决定吧。 nǐ ràng tāmen zìjǐ juédìng ba	그들이 스스로 결정할 수 있**도록 하세요**.
妈妈**叫**我起床。 māma jiào wo qǐchuáng	엄마는 나를 기상하라고 **부르셨다**.
朋友**叫**我去图书馆。 péngyou jiào wǒ qù túshūguǎn	친구는 나를 도서관에 가자고 **불렀다**.
我周末**请**你吃饭。 wǒ zhōu mò qǐng nǐ chīfàn	내가 주말에 (너에게) 한턱 **쏠게**.

부정문 **不让** [búràng] ~ / **没让** [méiràng] ~ ~에게 ~를 못하게 하다

부정문은 사역동사 앞에 不나 没를 넣어줍니다.

我不让他抽烟。
wǒ bú ràng tā chōuyān

나는 그에게 담배를 피우지 **말라 한다**.

我没叫你等我。
wǒ méi jiào nǐ děng wǒ

나는 너보고 기다리라고 **하지 않았다**.

我没请他来。
wǒ méi qǐng tā lái

나는 그를 오라고 **청하지 않았다**.

이외에도 많은 동사들이 **겸어문** 형식으로 쓰입니다. 우선 要가 '요구하다'라는 뜻의 일반 동사로 쓰일 때 흔히 겸어문의 형태로도 해석이 됩니다.

他要我快点说。
tā yào wǒ kuài diǎn shuō

그는 나보고 빨리 말하라고 **요구한다**.

我要你跟我一起玩儿。
wǒ yào nǐ gēn wǒ yìqǐ wánér

네가 나와 같이 놀아 줬**으면 해**.

我不要你来。
wǒ bú yào nǐ lái

나는 네가 오지 **않기를 원한다**.

실력 다지기 10

1. 단어

뜻	중국어	병음
① ~해야 한다 (조동사)		
② 일어나다, ~하기 시작하다		
③ 마치 ~와 같다		
④ ~하기만 하면 ~하다(조건복문)		
⑤ ~에게 시키다 (사역문)		
⑥ 공항		
⑦ 여권		
⑧ 데려다주다, 선물하다		
⑨ 비행기		
⑩ 방법		

2. 빈칸에 알맞은 단어를 써넣으세요.

> 别　　让　　得　　只要…就　　叫　　像…一样

01) 你（　　　　）哭了。

02) （　　　　）下午不下雨,我们（　　　　）出去玩吧。

03) 他说话（　　　　）小孩子（　　　　）。

04) 妈妈（　　　　）孩子打扫房间。

05) 我下课后（　　　　）去银行。

06) 老师（　　　　）他到办公室去。

3. 아래 단어를 잘 배열하여 문장을 완성해보세요.

01) 你　我也　去　只要　去　　➡ _____

02) 跑　弟弟　上来　了　　➡ _____

03) 让　妈妈　弟弟　房间　打扫　➡ _____

04) 想法　我的　不　你　一样　跟　➡ _____

05) 哥哥　好　成绩　比　弟弟的　➡ _____

4. 문장에서 틀린 부분을 찾아서 바르게 바꿔보세요.

01) 哥哥比弟弟很高。　➡ _____

02) 妈妈让打扫我房间。　➡ _____

03) 我上爱了他。　➡ _____

04) 他终于起来想了。　➡ _____

05) 你玩儿别手机了。　➡ _____

06) 老师进去教室了。　➡ _____

Chapter

11

문법총정리

1. 일반의문문 vs 정반의문문

의문문에서 대답할 때에는 보통 술어(동사)에 해당되는 단어에 대답할 수 있지만 조동사가 있는 경우에는 조동사로 답합니다.

평서문	일반의문문	정반의문문
他们去学校。	他们去学校吗?	他们去不去学校?
我吃饭。	你吃饭吗?	你吃不吃饭?
我要回家。	你要回家吗?	你要不要回家?

평서문을 의문문으로 바꿀 때 유의해야 하는 부분은 我문장은 你로 질문해야 합니다.

2. 자주 쓰는 조동사

❶ **想** xiǎng : ~하고 싶다 (소망, 바람)

我想回家。
wǒ xiǎng huíjiā
나는 집에 돌아가고 **싶다**. 평서문

我不想说。
wǒ bùxiǎng shuō
나는 말하고 **싶지 않다**. 부정문

你**想不想**看?　　너는 **보고 싶니**? 정반의문문

nǐ xiǎng bùxiǎng kàn

② **要** yào : ~할 것이다 (희망) / ~해야 한다 (의무) ----------------------------------

你**要**注意感冒。　　너는 감기를 조심**해야 해**. 평서문

nǐ yào zhùyì gǎnmào

我**不要**听。　　나는 듣지 **않을 거**야. 부정문

wǒ búyào tīng

你**要不要**来我家玩?　　너는 우리 집에 놀러 **올 거니**? 정반의문문

nǐ yàobúyào lái wǒjiā wán

③ **可以** kěyǐ : ~해도 된다 (가능·허락) ----------------------------------

我**可以**走了吗?　　나 가도 **되니**? 의문문

wǒ kěyǐ zǒu le ma

他**不可以**害你。　　그는 당신을 해칠 **수 없**다. 부정문

tā bù kěyǐ hài nǐ

我**可不可以**去你家?　　나 네 집에 가**도 되니**? 정반의문문

wǒ kě bù kěyǐ qù nǐ jiā

❹ 会 huì : **~할 줄 안다** (배워서 얻어진 능력) ----------------------------------

他**会**说英语。　　　　　그는 영어를 말할 **줄 안**다. 평서문
tā huì shuō yīngyǔ

我**不会**开车。　　　　　나는 운전을 **할 줄 모른**다. 부정문
wǒ búhuì kāichē

你**会不会**写汉字?　　　한자를 쓸 **줄 아니**? 정반의문문
nǐ huìbúhuì xiě hànzì

❺ 能 néng : **~할 수 있다** (선천적 혹은 회복된 능력) ----------------------------------

我的腿伤好了,现在**能**走路了。　　다리의 상처가 나아서 지금은 걸을 **수 있**다. 평서문
wǒ de tuǐshāng hǎo le, xiànzài néng zǒulùle

这个秘密我**不能**说。　　　　　　난 이 비밀을 말할 **수 없**어. 부정문
zhège mìmì wǒ bùnéng shuō

你**能不能**冷静一点?　　　　　　너 좀 진정할 **수 있겠**니? 정반의문문
nǐ néngbùnéng lěngjìng yìdiǎn

3. 동사 在 zài vs 有 yǒu

'있다'라는 표현에는 존재를 나타내는 동사 在와 소유함을 나타내는 有 두 가지가 있습니다.

❶ 존재동사 在 : 있다, 존재하다 vs 부정형 **不在 :** 없다, 부재하다

➡ 인물·사물 + 在 vs 不在 + 장소

学生们**在**教室里。 xuésheng men zài jiàoshì li	학생들은 교실에 **있**다.
老师们**在**办公室里。 lǎoshīmen zài bàngōngshì li	선생님들은 사무실에 **있**다.
朋友们**在**我家。 péngyoumen zài wǒjiā	친구들은 우리 집에 **있**다.
他们**不在**饭馆。 tāmen búzài fànguǎn	그들은 식당에 **있지 않**다.

❷ 소유동사 有 : 있다, 소유하다 vs 부정형 **没有 :** 없다. 소유하지 않았다

➡ 장소·시간 + 有 vs 没有 + 인물·사물

图书馆里**有**书。 túshūguǎn li yǒu shū	도서관에 책이 **있**다.

教室里**有**人。
jiàoshì li yǒu rén

교실에 사람이 **있**다.

我**有**中国朋友。
wǒ yǒu zhōngguó péngyou

나는 중국친구가 **있**다.

我钱包里**没有**钱。
wǒ qiánbāo li méiyǒu qián

내 지갑에는 돈이 **없**다.

4. 구조조사 3총사 的 | 得 | 地

중국어에는 구조조사 3총사가 있는데 각각 명사的, 정도得, 부사地입니다.

❶ 구조조사 的 de

的de는 주로 명사·대명사의 사이에 위치하며 관형어를 수식해줍니다.

他是我**的**朋友。
tā shì wǒ de péngyou

그는 나**의** 친구다.

她是我们**的**老师。
tā shì wǒmen de lǎoshī

그녀는 우리**의** 선생님이다.

❷ **구조조사 得** de ··

得de는 주로 술어의 뒤에 오며 정도를 나타내는 보어가 뒤에 붙습니다.

我今天吃**得**很饱。　　나는 오늘 배부르게 먹었다.
wǒ jīn tiān chī de hěn bǎo

弟弟昨天喝**得**很多。　　남동생은 어제 많이 마셨다.
dìdi zuótiān hē de hěnduō

❸ **구조조사 地** de ··

地de는 주로 주어와 술어의 사이에 위치하여 부사나 형용사 뒤에서 술어를 수식해줍니다.

你**慢慢地**吃。　　너 **천천히** 먹어.
nǐ mànmàn de chī

天**渐渐地**黑了。　　날이 **점차** 어두워졌다.
tiān jiànjiàn de hēi le

老师**认真地**检查作业。　　선생님은 **꼼꼼하게** 숙제를 검사하신다.
lǎoshī rènzhēn de jiǎnchá zuòyè

他**不断地**练习。　　그는 **끊임없이** 연습한다.
tā búduàn de liànxí

5. 복수형 접미사 ~些 _{xiē}

확정되지 않은 약간의 수량을 나타낼 때 '조금, 약간, 몇'이라는 뜻의 접미사 些_{xiē}를 쓰며 복수를 나타냅니다. 수사 一와 연결하여 一些_{yìxiē}(조금의, 약간의)처럼 쓰기도 합니다.

이것들	그것들, 저것들	어느 것들	어떤 것들	약간의 것
这些	那些	哪些	有(一)些	一些
zhèxiē	nàxiē	nǎxiē	yǒu (yì) xiē	yìxiē

桌子上有**一些**面包。
zhuōzishàng yǒu yìxiē miànbāo
탁자 위에 **약간의 빵**이 있어요.

教室门口有**一些人**。
jiàoshì ménkǒu yǒu yìxiē rén
교실 입구에 **여러 명의 사람**이 있다.

这些都是我的。
zhèxiē dōushì wǒde
이것들은 전부 내 것입니다.

那些书是新的吗?
nàxiē shū shì xīnde ma
저 책들은 새 것인가요?

你认识**那些人**吗?
nǐ rènshi nàxiē rén ma
너 **저 사람들** 알아?

哪些是你的?
nǎxiē shì nǐde
어느 것들이 너의 것이니?

有些事情不能说。　　**어떤 일들**은 말하면 안 된다.
yǒu xiē shìqing bùnéng shuō

6. 대화에서 흔히 쓰이는 문장

❶ 听说~ : 듣자하니 ~라며?

문장 앞에 听说는 '~라던데?', '~하던데?', '그런 얘기가 있더라.' 하는 의미로 쓰입니다.

听说你在找工作?　　너 일자리 알아본다**면서**?
tīngshuō nǐ zàizhǎogōngzuò

听说你要跟她结婚?　　너 그녀랑 결혼한다**면서**?
tīngshuō nǐ yào gēntā jiéhūn

听说他最近住院了。　　**듣자하니** 그가 요즘 입원했**다고 하더라**.
tīngshuō tā zuìjìn zhùyuàn le

❷ 听A说 : A가 그러는데

알고 있는 사실이 막연한 소문이 아니고 정확한 출처를 밝힐 때는 '听A说'로 써줍니다.

听服务员**说**,那道菜很好吃。
tīng fúwùyuán shuō, nàdào cài hěn hǎochī

종업원**이 그러는데**, 저 요리가 아주 맛있대.

听朋友**说**,最近流行毒感。
tīng péngyou shuō, zuìjìn liúxíng dúgǎn

친구**가 그러는데**, 요즘 독감이 유행이래.

听天气预报**说**,今天下雨。
tīng tiānqìyùbào shuō, jīntiān xiàyǔ

일기예보**에서 그러는데**, 오늘 비가 온대.

7. 사역동사

목적어를 두 개 이상 취할 수 있는 동사를 말하며 사역동사가 들어간 문장을 **사역문**이라고 합니다.

借	让	教	给	告诉	问
jiè	ràng	jiāo	gěi	gàosù	wèn

给我钱。
gěi wǒ qián

(내게) 돈을 **줘**.

妹妹**给**了我苹果。
mèimei gěi le wǒ píngguǒ

여동생이 나에게 사과를 **주었다**.

妈妈**让**我打扫房间。
māma ràng wǒ dǎsǎo fángjiān

엄마는 나에게 방청소를 **시켰다**.

老师**叫**我回答问题。
lǎoshī jiào wǒ huídá wèntí

선생님은 나에게 문제를 답하라고 **시켰다**.

我**教**你一个办法。
wǒ jiāo nǐ yígè bànfǎ

내가 너에게 한 가지 방법을 **가르쳐줄게**.

借我一支笔,可以吗?
jiè wǒ yìzhī bǐ, kěyǐ ma

나에게 펜 한 자루 **빌려줄** 수 있겠니?

问老师一个**问**题。
wèn lǎoshī yígè wèntí

선생님께 문제 하나를 **여쭤**본다.

我**告诉**你一件事。
wǒ gàosu nǐ yíjiàn shì

내가 너에게 한 가지 사실을 **알려줄게**.

8. 자주 등장하는 부사

자주 등장하는 부사는 시간부사, 정도부사, 빈도부사, 범위부사, 부정부사 등이 있습니다.

❶ 정도부사

我**特别**喜欢学习汉语。
wǒ tèbié xǐhuan xuéxí hànyǔ

나는 중국어 공부하는 걸 **특히** 좋아한다.

今天天气**太**好了。
jīntiān tiānqì tài hǎo le

오늘 날씨가 **정말** 좋구나.

❷ 빈도부사

我们**经常**去旅游。 　　우리는 **자주** 여행 간다.
wǒmen jīngcháng qù lǚyóu

他**总是**忘记做作业。 　　그는 **항상** 숙제 하는 것을 잊는다.
tā zǒngshì wàngjì zuò zuòyè

❸ 시간부사

我**刚才**给你打电话了。 　　나는 **방금** 너에게 전화했다.
wǒ gāngcái gěinǐ dǎdiànhuà le

他们**已经**回去了。 　　그들은 **벌써** 돌아갔다.
tāmen yǐjīng huíqù le

❹ 부정부사

我**不**认识他。 　　나는 그를 알지 **못한다**.
wǒ bú rènshi tā

他**没**告诉我。 　　그는 나에게 알려주지 **않았다**.
tā méigàosu wǒ

9. 어림수 말하기 : 대략~, ~남짓, ~정도

시간, 수량, 가격, 나이 등 수(數)에 관련된 어림수를 나타내는 표현입니다.

~多 duō	大概~ dàgài	~左右 zuǒyòu

現在五点**多**了。
xiànzài wǔdiǎn duō le

지금 5시가 **넘었어요**.

我有一百**多**(块)。
wǒ yǒu yìbǎi duō (kuài)

나에게 100위안 **남짓** 있어요.

她三十**多**(岁)了。
tā sānshíduō(suì) le

그녀는 30살 **초반**이에요.

需要五、六天**左右**。
xūyào wǔ,　liù tiān zuǒyòu

5~6일 **정도** 걸려요.

大概要等多久?
dàgài yào děng duōjiǔ

대략 얼마나 기다려야 하나요?

MEMO

HSK 3급
필수단어 600

新HSK 3급 필수단어 600

001	爱	ài	(동) 사랑, 사랑하다	002	家	jiā	(명) 집
003	八	bā	(수) 8, 여덟	004	叫	jiào	(동) 부르다, 소리치다
005	爸爸	bàba	(명) 아빠, 아버지	006	今天	jīntiān	(명) 오늘
007	北京	Běijīng	(명) 북경(지역명)	008	九	jiǔ	(수) 9, 아홉
009	杯子	bēizi	(명) 컵, 잔	010	开	kāi	(동) 열다, 켜다, 운전하다
011	本	běn	(양) 권(책의 양사)	012	看	kàn	(동) 보다
013	不	bù	(부) 아니다(부정부사)	014	看见	kànjiàn	(동) 보이다, 눈에 띄다
015	不客气	búkèqi	별말씀을요	016	块	kuài	(명) 조각, 덩이, 위안
017	菜	cài	(명) 요리, 반찬	018	来	lái	(동) 오다
019	茶	chá	(명) 차, 음료	020	老师	lǎoshī	(명) 선생님, 스승
021	吃	chī	(동) 먹다	022	了	le	(조) 어기조사(과거.변화.완료)
023	出租车	chūzūchē	(명) 택시	024	冷	lěng	(형) 춥다
025	大	dà	(형) 크다	026	里	lǐ	(명) 안, 속/바깥, 외 (↔外wài)
027	打电话	dǎdiànhuà	(동) 전화를 하다	028	零	líng	(수) 0, 제로
029	的	de	(조) ~의, ~것	030	六	liù	(수) 6, 여섯
031	点	diǎn	(동) (요리를)주문하다	032	吗	ma	(조) 의문어기조사
033	电脑	diànnǎo	(명) 컴퓨터	034	读	dú	(동) 읽다
035	电视	diànshì	(명) TV, 텔레비젼	036	买	mǎi	(동) 사다
037	电影	diànyǐng	(명) 영화	038	妈妈	māma	(명) 엄마
039	东西	dōngxi	(명) 물건	040	猫	māo	(명) 고양이

041	都	dōu	(부) 모두, 다	042	没	méi	(동) 없다 /(부) ~않다
043	对不起	duìbuqǐ	(동) 죄송하다	044	没关系	méiguānxi	괜찮다, 문제없다
045	多	duō	(형) 많다	046	米饭	mǐfàn	(명) 쌀밥
047	多少	duōshao	(대) 얼마나	048	明天	míngtiān	(명) 내일
049	二	èr	(수) 2, 둘	050	名字	míngzi	(명) 이름
051	儿子	érzi	(명) 아들	052	那	nà	(대) 그, 저
053	饭馆	fànguǎn	(명) 식당	054	哪	nǎ	(대) 어느
055	飞机	fēijī	(명) 비행기	056	呢	ne	(조) 의문. 지속 어기조사
057	分钟	fēnzhōng	(명) 분(시간의 양)	058	能	néng	(동) ~할 수 있다
059	高兴	gāoxìng	(형) 기쁘다, 즐겁다	060	你	nǐ	(대) 너, 당신
061	个	gè	(양) 개	062	年	nián	(명) 년, 해
063	工作	gōngzuò	(동) 일하다, 직업	064	女儿	nǚér	(명) 딸
065	狗	gǒu	(명) 개	066	朋友	péngyou	(명) 친구
067	汉语	hànyǔ	(명) 중국어	068	漂亮	piàoliang	(형) 예쁘다
069	好	hǎo	(형) 좋다	070	苹果	píngguǒ	(명) (과일) 사과 mac 애플 제품 총칭
071	和	hé	(접) ~와, ~의	072	七	qī	(수) 7, 일곱
073	喝	hē	(동) 마시다	074	钱	qián	(명) 돈
075	很	hěn	(부) 매우, 아주	076	前面	qiánmian	(명) 앞, 앞부분
077	后面	hòumiàn	(명) 뒤쪽, 뒷면	078	请	qǐng	(동) 청하다, 요청하다
079	回	huí	(동) 돌아가다	080	去	qù	(동) 가다, 떠나다

081	会	huì	(동)	~할줄 알다
082	热	rè	(형)	덥다, 뜨겁다
083	火车站	huǒchēzhàn	(명)	기차역
084	人	rén	(명)	사람
085	几	jǐ	(수)	몇
086	认识	rènshi	(동)	(사람 등)알다, 인식하다
087	日	rì	(명)	일(날짜)
088	一	yī	(수)	1, 하나
089	三	sān	(수)	3, 셋
090	衣服	yīfu	(명)	옷
091	上	shàng	(명)	위, 상(방향)
092	医生	yīshēng	(명)	의사
093	商店	shāngdiàn	(명)	상점, 가게
094	医院	yīyuàn	(명)	병원
095	上午	shàngwǔ	(명)	오전
096	椅子	yǐzi	(명)	의자
097	少	shǎo	(형)	적다
098	有	yǒu	(동)	있다, 소유하다
099	谁	shéi/shuí	(대)	누구
100	月	yuè	(명)	월
101	什么	shénme	(대)	무엇, 무슨
102	在	zài	(동)	~에 있다, ~에서
103	十	shí	(수)	10, 열
104	再见	zàijiàn	(동)	안녕; 또 만나다
105	是	shì	(동)	~이다
106	怎么	zěnme	(대)	어떻게. 어째서
107	时候	shíhou	(명)	시기, 때
108	怎么样	zěnmeyàng	(대)	어떠하다, 어떤가
109	书	shū	(명)	책
110	这	zhè	(대)	이, 이것
111	水	shuǐ	(명)	물
112	中国	zhōngguó	(명)	중국
113	水果	shuǐguǒ	(명)	과일
114	中午	zhōngwǔ	(명)	정오, 점심
115	睡觉	shuìjiào	(동)	자다, 잠을 자다
116	住	zhù	(동)	살다, 숙박하다
117	说话	shuōhuà	(동)	말하다
118	桌子	zhuōzi	(명)	탁자
119	四	sì	(수)	4, 넷
120	字	zì	(명)	글자
121	岁	suì	(명)	살(나이)
122	坐	zuò	(동)	앉다

123	她	tā	(대) 그녀	124	做	zuò	(동) 하다
125	他	tā	(대) 그	126	昨天	zuótiān	(명) 어제
127	太	tài	(부) 몹시, 너무	128	吧	ba	(조) 권유, 명령 등의 어기조사
129	天气	tiānqì	(명) 날씨	130	白	bái	(형) 하얗다
131	听	tīng	(동) 듣다	132	百	bǎi	(수) 100, 백
133	同学	tóngxué	(명) 학우, 동창	134	帮助	bāngzhù	(동) 돕다, 원조하다 (명) 도움
135	喂	wèi/wéi	(감) 여보세요	136	报纸	bàozhǐ	(명) 신문
137	我	wǒ	(대) 나	138	比	bǐ	(개) ~보다
139	我们	wǒmen	(대) 우리	140	别	bié	(동) 이별하다, ~하지 마
141	五	wǔ	(수) 5, 다섯	142	长	cháng	(형) 길다
143	下	xià	(명) 아래, 하(방향)	144	唱歌	chànggē	(동) 노래 부르다
145	想	xiǎng	(동) 생각하다	146	出	chū	(동) 나가다
147	先生	xiānsheng	(명) Mr, 미스터	148	船	chuán	(명) 배, 선박
149	现在	xiànzài	(명) 현재, 지금	150	穿	chuān	(동) 입다, 신다
151	小	xiǎo	(형) 작다	152	次	cì	(양) 번, 횟수
153	小姐	xiǎojiě	(명) Miss, 아가씨	154	从	cóng	(개) ~로부터
155	下午	xiàwǔ	(명) 오후	156	错	cuò	(형) 틀리다
157	下雨	xiàyǔ	(동) 비가 내리다	158	大家	dàjiā	(대) 모두들, 여러분
159	写	xiě	(동) (글씨 등을) 쓰다	160	打篮球	dǎlánqiú	농구를 하다
161	些	xiē	(양) ~것들(복수를 나타냄)	162	但是	dànshì	(접) 그러나, 그렇지만

163	谢谢	xièxie	(동) 감사하다, 고맙다	164	到	dào	(동) 도착하다, 도달하다
165	喜欢	xǐhuan	(동) 좋아하다	166	得	de	(조) 가능, 정도 구조조사
167	星期	xīngqī	(명) 요일	168	等	děng	(동) 기다리다, ~등의 것
169	学生	xuésheng	(명) 학생	170	弟弟	dìdi	(명) 남동생
171	学习	xuéxí	(동) 공부하다, 배우다	172	第一	dìyī	(수) 첫 번째 (형) 제일이다
173	学校	xuéxiào	(명) 학교	174	懂	dǒng	(동) 알다, 이해하다
175	对	duì	(형) 맞다, 옳다	176	卖	mài	(동) 팔다
177	房间	fángjiān	(명) 방	178	慢	màn	(형) 느리다
179	非常	fēicháng	(부) 매우, 몹시	180	忙	máng	(형) 바쁘다
181	服务员	fúwùyuán	(명) 종업원, 서비스직원	182	每	měi	(부) 늘, 매, 자주, every
183	高	gāo	(형) 높다, (키가)크다	184	妹妹	mèimei	(명) 여동생
185	告诉	gàosu	(동) 알려주다	186	门	mén	(명) 문
187	哥哥	gēge	(명) 오빠, 형	188	男人	nánrén	(명) 남자, 남성
189	给	gěi	(동) 주다	190	您	nín	(대) 당신, 귀하
191	公共汽车	gōng gòng qì chē	(명) 버스, 대중교통	192	牛奶	niúnǎi	(명) 우유
193	公斤	gōngjīn	(명) kg, 킬로그램	194	女人	nǚrén	(명) 여자, 여성
195	公司	gōngsī	(명) 회사	196	旁边	pángbiān	(명) 옆, 옆 쪽
197	贵	guì	(형) 비싸다	198	跑步	pǎobù	(동) 달리기, 달리다
199	过	guò	(동) 지나다, 경과하다	200	便宜	piányi	(형) 싸다
201	还	hái	(부) 아직, 더	202	票	piào	(명) 표, 티켓

203	孩子	háizi	(명) 아이		
205	号	hào	(명) 번, 일(날짜)		
207	好吃	hǎochī	(형) 맛있다, 맛이 좋다		
209	黑	hēi	(형) 검다 (명) 검은색		
211	红	hóng	(형) 붉다 (명) 빨간색		
213	欢迎	huānyíng	(동) 환영하다		
215	回答	huídá	(동) 대답하다		
217	件	jiàn	(양) 벌(옷의 양사), 건(사건)		
219	教室	jiàoshì	(명) 교실		
221	机场	jīchǎng	(명) 공항		
223	鸡蛋	jīdàn	(명) 계란		
225	姐姐	jiějie	(명) 언니, 누나		
227	介绍	jièshào	(동) 소개하다		
229	进	jìn	(동) 들어가다		
231	近	jìn	(형) 가깝다		
233	就	jiù	(부) 바로, 곧		
235	觉得	juéde	(동) ~라고 느끼다		
237	咖啡	kāfēi	(명) 커피		
239	开始	kāishǐ	(동) 시작하다		
241	考试	kǎoshì	(명) 시험, 시험을 보다		

204	千	qiān	(수) 1000, 천		
206	起床	qǐchuáng	(동) 기상하다, 일어나다		
208	晴	qíng	(형) (하늘이) 맑다		
210	妻子	qīzi	(명) 아내		
212	去年	qùnián	(명) 작년		
214	让	ràng	(동) ~시키다, 양보하다		
216	上班	shàngbān	(동) 출근하다 (명) 출근		
218	生病	shēngbìng	(동) 병이 나다, 병에 걸리다		
220	生日	shēngrì	(명) 생일		
222	身体	shēntǐ	(명) 몸, 신체, 건강		
224	时间	shíjiān	(명) 시간		
226	事情	shìqing	(명) 일, 사건		
228	手表	shǒubiǎo	(명) 손목시계		
230	手机	shǒujī	(명) 휴대폰		
232	送	sòng	(동) 배웅하다, 보내다, 선물하다		
234	所以	suǒyǐ	(접) 그래서		
236	它	tā	(대) (동물이나 사물) 그, 저, it		
238	题	tí	(명) 문제, 제목		
240	跳舞	tiàowǔ	(동) 춤을 추다		
242	踢足球	tīzúqiú	축구를 하다		

243	课	kè	(명)	수업, 과목
245	可能	kěnéng	(부)	~할 가능성이 있다
247	可以	kěyǐ	(조)	~해도 된다
249	快	kuài	(형) 빠르다 (부) 빨리
251	快乐	kuàilè	(형)	즐겁다, 유쾌하다
253	累	lèi	(형)	힘들다, 지치다
255	离	lí	(개)	~로부터
257	两	liǎng	(수)	2, 둘
259	路	lù	(명)	길, 도로
261	旅游	lǚyóu	(동)	여행, 여행하다
263	小时	xiǎoshí	(명)	시간(시간의 양)
265	西瓜	xīguā	(명)	수박
267	新	xīn	(형)	새 것, 새롭다
269	姓	xìng	(동)	성
271	休息	xiūxi	(동)	휴식하다, 쉬다
273	希望	xīwàng	(동)	희망하다, 바라다
275	雪	xuě	(명)	눈, 설
277	羊肉	yángròu	(명)	양고기
279	眼睛	yǎnjing	(명)	눈

244	外	wài	(명)	겉, 밖, 외(↔里 l)
246	完	wán	(동)	끝내다, 마치다, 완료하다
248	玩(儿)	wán(r)	(동)	놀다
250	晚上	wǎnshang	(명)	저녁, 밤
252	为什么	wèishénme	(부)	왜, 어째서
254	问	wèn	(동)	묻다, 질문하다
256	问题	wèntí	(명)	질문, 문제
258	洗	xǐ	(동)	씻다, 빨다
260	向	xiàng	(개)	~을 향해서, ~로
262	笑	xiào	(동)	웃다
264	阿姨	āyí	(명)	아주머니
266	把	bǎ	(개) ~을, ~를 (양) 손잡이가 있는 물건에 쓰임 (의자, 우산 등)
268	班	bān	(명)	조, 그룹, 반
270	搬	bān	(동)	운반하다, 이사하다
272	半	bàn	(수)	절반, 2분의 1, 30분(시간)
274	办法	bànfǎ	(명)	방법, 수단
276	帮忙	bāngmáng	(동)	(일손을) 돕다
278	办公室	bàngōngshì	(명)	사무실
280	包	bāo	(동) (종이나 천으로) 싸다 (명) 가방

281	颜色	yánsè	(명) 색깔, 색상	282	饱	bǎo	(형) 배부르다
283	药	yào	(명) 약	284	被	bèi	(개) ~에게 ~을 당하다 (동) 덮다
285	要	yào	(조) ~할 것이다	286	北方	běifāng	(명) 북방, 북쪽
287	也	yě	(부) ~도, 역시	288	变化	biànhuà	(동) 변화하다 (명) 변화
289	已经	yǐjīng	(부) 이미, 벌써	290	表示	biǎoshì	(동) 나타내다, 의미하다
291	阴	yīn	(형) 흐리다	292	表演	biǎoyǎn	(동) 공연하다, 연기하다
293	因为	yīnwèi	(접) 왜냐하면	294	别人	biérén	(대) 남, 타인
295	一起	yìqǐ	(부) 같이, 함께	296	比较	bǐjiào	(동) 비교하다 (부) 비교적
297	意思	yìsi	(명) 뜻, 의미	298	宾馆	bīnguǎn	(명) (규모가 큰) 호텔
299	右边	yòubian	(명) 우측, 오른쪽	300	冰箱	bīngxiāng	(명) 냉장고
301	游泳	yóuyǒng	(동) 수영, 수영하다	302	比赛	bǐsài	(동) 시합하다 (명) 시합
303	鱼	yú	(명) 물고기, 생선 어류	304	必须	bìxū	(부) 반드시~해야 한다
305	元	yuán	(명) 위안, 중국화폐 단위	306	鼻子	bízi	(명) 코
307	远	yuǎn	(형) 멀다	308	才	cái	(부) 겨우, 이제야, ~에야 비로소
309	运动	yùndòng	(명) 운동, 운동하다	310	菜单	càidān	(명) 식단, 메뉴판
311	再	zài	(부) 재차, 또	312	参加	cānjiā	(동) 참가하다
313	早上	zǎoshang	(명) 아침	314	草	cǎo	(명) (식물) 풀
315	张	zhāng	(양) 장(종이 등 얇은 것의 양사)	316	层	céng	(양) 층, 겹 (명) 층
317	丈夫	zhàngfu	(명) 남편	318	差	chà	(형) 차이가 나다, 부족하다

319	找	zhǎo	(동) 찾다	320	超市	chāoshì	(명) 슈퍼마켓
321	着	zhe	(조) ~한 상태로	322	成绩	chéngjì	(명) (일.학업) 성적
323	真	zhēn	(부) 정말로, 진짜로	324	城市	chéng shì	(명) 도시
325	正在	zhèngzài	(부) ~하는 중이다	326	衬衫	chènshān	(명) 와이셔츠, 남방
327	知道	zhīdào	(동) 알다	328	迟到	chídào	(동) 지각하다
329	准备	zhǔnbèi	(동) 준비, 준비하다	330	厨房	chúfáng	(명) 주방
331	自行车	zìxíngchē	(명) 자전거	332	除了	chúle	(개) ~을 제외하고
333	走	zǒu	(동) 걷다, 가다	334	春	chūn	(명) 봄 (계절)
335	最	zuì	(부) 제일, 최고	336	出现	chūxiàn	(동) 출현하다, 나타나다
337	左边	zuǒbian	(명) 좌측, 왼쪽	338	词语	cíyǔ	(명) 단어, 어휘
339	啊	a	(조) 감탄을 나타내는 어기조사	340	聪明	cōngming	(형) 똑똑하다, 총명하다
341	矮	ǎi	(형) (키가) 작다	342	蛋糕	dàngāo	(명) 케익, 카스텔라
343	爱好	àihào	(명) 취미, 애호	344	当然	dāngrán	(형) 당연하다, 물론이다
345	安静	ānjìng	(형) 조용하다	346	担心	dānxīn	(동) 걱정하다, 염려하다
347	带	dài	(동) 가지다, 휴대하다	348	过去	guòqù	(명) 과거 (동) 지나가다
349	打扫	dǎsǎo	(동) 청소하다	350	果汁	guǒzhī	(명) 과일즙, 과일쥬스
351	打算	dǎsuan	(동) ~할 계획이다	352	故事	gùshi	(명) 이야기, 옛말
353	地	de	(조) 구조조사 (형용사, 부사뒤에 쓰임)	354	害怕	hàipà	(동) 무서워하다, 겁내다
355	灯	dēng	(명) 등, 불	356	还是	háishi	(부) 여전히, 변함없이 (접) (선택의문문)아니면
357	低	dī	(형) 낮다	358	河	hé	(명) 강, 하천

359	电梯	diàntī	(명) 엘리베이터	360	黑板	hēibǎn	(명) 칠판
361	电子邮件	diànzǐ yóujiàn	(명) 이메일, 전자우편	362	花	huā	(동) (돈,시간 등)쓰다, 소비하다 (명) (~儿) 꽃
363	地方	dìfang	(명) 곳, 지역	364	画	huà	(동) (그림을) 그리다 (명) 그림
365	地铁	dìtiě	(명) 지하철	366	坏	huài	(형) 나쁘다
367	地图	dìtú	(명) 지도, 맵	368	还	huán	(동) 돌려주다, 갚다
369	东	dōng	(명) 동, 동쪽	370	换	huàn	(동) 교환하다, 바꾸다
371	冬	dōng	(명) 겨울	372	黄	huáng	(형) 노랗다, 노란색
373	动物	dòngwù	(명) 동물	374	环境	huánjìng	(명) 환경
375	短	duǎn	(형) 짧다	376	花园	huāyuán	(명) 화원
377	段	duàn	(양) 단, 단락	378	会议	huìyì	(명) 회의, 미팅
379	锻炼	duànliàn	(동) 단련하다, 운동하다	380	或者	huòzhě	(접) (평서문) 혹은, 아니면
381	多么	duōme	(부) 얼마나	382	护照	hùzhào	(명) 여권
383	饿	è	(형) (배가)고프다	384	极	jí	(부) 최고도의 (명) 정점
385	耳朵	ěrduo	(명) 귀	386	检查	jiǎnchá	(동) 검사하다
387	而且	érqiě	(접) 게다가, 분만아니라	388	简单	jiǎndān	(형) 간단하다
389	放	fàng	(동) 놓다	390	讲	jiǎng	(동) 말하다, 설명하다
391	方便	fāngbiàn	(형) 편리하다, 편하다	392	健康	jiànkāng	(형) 건강하다 (명) 건강
393	放心	fàngxīn	(동) 마음을 놓다	394	见面	jiànmiàn	(동) 만나다, 대면하다
395	发烧	fāshāo	(동) 열이 나다	396	教	jiāo	(동) 가르치다, 전수하다

397	发现	fāxiàn	(동) 발견, 발견하다	398	角	jiǎo	(명) 모서리, 뿔, 각
399	分	fēn	(동) 나누다 (명) 분(시각을 나타냄)	400	脚	jiǎo	(명) 발
401	附近	fùjìn	(명) 근처, 부근	402	记得	jìde	(동) 기억하고 있다
403	复习	fùxí	(동) 복습, 복습하다	404	接	jiē	(동) 잇다, 연결하다 (전화를)받다, 마중하다
405	敢	gǎn	(조) 용감하다, 용기가 있다	406	借	jiè	(동) 빌리다
407	刚才	gāngcái	(명) 방금, 아까	408	街道	jiēdào	(명) 길거리
409	干净	gānjìng	(형) 깨끗하다, 깔끔하다	410	结婚	jiéhūn	(동) 결혼하다 (명) 결혼
411	感冒	gǎnmào	(동) 감기, 감기에 걸리다	412	解决	jiějué	(동) 해결하다
413	跟	gēn	(개) ~와, ~랑	414	节目	jiémù	(명) 프로그램, 종목, 항목
415	更	gèng	(부) 더, 더욱	416	节日	jiérì	(명) 기념일, 경축일, 명절
417	根据	gēnjù	(개) ~에 의거하여, 근거	418	结束	jiéshù	(동) 끝나다, 마치다
419	公园	gōngyuán	(명) 공원	420	几乎	jīhū	(부) 거의
421	刮风	guāfēng	(동) 바람이 불다	422	机会	jīhuì	(명) 기회
423	关	guān	(동) 닫다, 끄다	424	季节	jìjié	(명) 계절
425	关系	guānxi	(명) 관계	426	经常	jīngcháng	(부) 자주, 늘, 항상
427	关心	guānxīn	(동) 관심	428	经过	jīngguò	(동) 경과하다, 거치다, 지나다
429	关于	guānyú	(개) ~에 관하여	430	经理	jīnglǐ	(명) 사장, 지배인
431	国家	guójiā	(명) 국가, 나라	432	久	jiǔ	(형) 오래되다
433	旧	jiù	(형) 낡다, 오래되다	434	啤酒	píjiǔ	(명) 맥주
435	决定	juédìng	(동) 결정하다, 정하다	436	葡萄	pútáo	(명) 포도

437	举行	jǔxíng	(동) 거행하다	438	普通话	pǔtōnghuà	(명) 중국 표준어
439	句子	jùzi	(명) 문장	440	骑	qí	(동) (자전거, 말 등을) 타다
441	渴	kě	(형) 목마르다	442	铅笔	qiānbǐ	(명) 연필
443	刻	kè	(동) 새기다, 조각하다	444	奇怪	qíguài	(형) 기이하다, 이상하다
445	可爱	kě'ài	(형) 귀엽다, 사랑스럽다	446	清楚	qīngchu	(형) 분명하다
447	客人	kèrén	(명) 손님	448	其实	qíshí	(부) 사실
449	空调	kōngtiáo	(명) 에어컨	450	其他	qítā	(대) 기타, 나머지
451	口	kǒu	(명) 입	452	秋	qiū	(명) 가을
453	哭	kū	(동) 울다	454	裙子	qúnzi	(명) 치마
455	筷子	kuàizi	(명) 젓가락	456	然后	ránhòu	(접) 그리고, 그 후에
457	裤子	kùzi	(명) 바지	458	认为	rènwéi	(동) 여기다
459	蓝	lán	(형) 파랗다	460	认真	rènzhēn	(형) 진지하다, 착실하다
461	老	lǎo	(형) 늙다, 오래되다	462	热情	rèqíng	(형) 열정적이다, 친절하다
463	脸	liǎn	(명) 얼굴	464	容易	róngyì	(형) 쉽다, 용이하다
465	辆	liàng	(양) 대(자전거 등을 세는 양사)	466	如果	rúguǒ	(접) 만약, 만일
467	练习	liànxí	(동) 연습, 연습하다	468	伞	sǎn	(명) 우산
469	了解	liǎojiě	(동) 알다, 이해하다	470	上网	shàngwǎng	(동) 인터넷을 하다
471	离开	líkāi	(동) 떠나다	472	生气	shēngqì	(동) 화내다, 성나다
473	邻居	línjū	(명) 이웃	474	声音	shēngyīn	(명) 소리
475	历史	lìshǐ	(명) 역사	476	使	shǐ	(동) ~에게 ~시키다
477	礼物	lǐwù	(명) 선물	478	世界	shìjiè	(명) 세계

479	楼	lóu	(명) 건물, 층(양사)	480	瘦	shòu	(형) 마르다, 여위다
481	绿	lǜ	(형) 푸르다	482	树	shù	(명) 나무
483	马	mǎ	(명) 말(동물)	484	双	shuāng	(양) 짝, 쌍
485	满意	mǎnyì	(형) 만족하다	486	刷牙	shuāyá	(동) 이를 닦다, 양치를 하다
487	帽子	màozi	(명) 모자	488	舒服	shūfu	(형) 편안하다
489	马上	mǎshàng	(부) 곧, 즉시	490	水平	shuǐpíng	(명) 수준
491	米	mǐ	(명) 쌀	492	叔叔	shūshu	(명) 숙부, 삼촌
493	面包	miànbāo	(명) 빵	494	数学	shùxué	(명) 수학
495	面条	miàntiáo	(명) 국수, 면	496	司机	sījī	(명) 운전사, 기사
497	明白	míngbai	(동) 알다, 분명하다	498	虽然	suīrán	(접) 비록
499	拿	ná	(동) 쥐다, 들다, 가지다	500	太阳	tàiyáng	(명) 태양
501	奶奶	nǎinai	(명) 할머니	502	糖	táng	(명) 사탕
503	南	nán	(명) 남, 남쪽	504	特别	tèbié	(부) 특별히, 특히
505	难	nán	(형) 어렵다, 힘들다, 곤란하다	506	疼	téng	(형) 아프다
507	难过	nánguò	(형) 고통스럽다, 괴롭다	508	甜	tián	(형) 달다
509	年级	niánjí	(명) 학년	510	条	tiáo	(양) (강, 거리, 물고기, 바지 등) 가늘고 긴 것을 세는 양사
511	年轻	niánqīng	(형) 젊다, 어리다	512	提高	tígāo	(동) 향상시키다
513	鸟	niǎo	(명) 새, 날짐승	514	体育	tǐyù	(명) 체육
515	努力	nǔlì	(동) 노력하다	516	同事	tóngshì	(명) 직장동료
517	胖	pàng	(형) 살찌다, 뚱뚱하다	518	同意	tóngyì	(동) 동의하다

519	盘子	pánzi	(명) 접시	520	头发	tóufa	(명) 머리카락
521	爬山	páshān	(동) 등산하다, 산에 오르다	522	腿	tuǐ	(명) 다리
523	突然	tūrán	(부) 갑자기	524	一会儿	yíhuìr	(명) 잠시동안, 잠시
525	图书馆	túshūguǎn	(명) 도서관	526	应该	yīnggāi	(동) 반드시 ~해야 한다
527	万	wàn	(수) 10000, 만	528	影响	yǐngxiǎng	(동) 영향을 끼치다
529	碗	wǎn	(명) 그릇, 사발	530	银行	yínháng	(명) 은행
531	完成	wánchéng	(동) 완성, 완성하다	532	音乐	yīnyuè	(명) 음악
533	忘记	wàngjì	(동) 잊다, 잊어버리다	534	以前	yǐqián	(명) 이전, 예전
535	为	wèi	(개) ~를 위하여	536	以为	yǐwéi	(동) 여기다, 생각하다
537	位	wèi	(명) 분(사람을 세는 단위)	538	一样	yíyàng	(형) 같다
539	为了	wèile	(개) ~를 위해	540	一直	yìzhí	(부) 줄곧, 계속
541	文化	wénhuà	(명) 문화	542	用	yòng	(동) 사용하다, 쓰다
543	西	xī	(명) 서, 서쪽	544	又	yòu	(부) 또, 다시
545	夏	xià	(명) 여름	546	有名	yǒumíng	(형) 유명하다
547	先	xiān	(부) 먼저	548	游戏	yóuxì	(명) 게임, 유희희
549	像	xiàng	(동) 닮다, 비슷하다	550	愿意	yuànyì	(동) 원하다, 동의하다
551	香蕉	xiāngjiāo	(명) 바나나	552	遇到	yùdào	(동) 만나다, 마주치다
553	相同	xiāngtóng	(형) 서로 같다, 똑같다	554	越	yuè	(부) ~할수록, 점점~
555	相信	xiāngxìn	(동) 믿다	556	月亮	yuèliang	(명) 달
557	小心	xiǎoxīn	(동) 조심하다	558	云	yún	(명) 구름

559	校长	xiàozhǎng	(명)	교장
561	鞋	xié	(명)	신, 신발
563	习惯	xíguàn	(명)	습관, 버릇
565	信	xìn	(명)	믿다
567	行李箱	xínglǐxiāng	(명)	캐리어, 화물칸, 트렁크
569	兴趣	xìngqù	(명)	흥미, 취미
571	新闻	xīnwén	(명)	뉴스, 기사
573	新鲜	xīnxiān	(형)	신선하다
575	熊猫	xióngmāo	(명)	팬더
577	洗手间	xǐshǒujiān	(명)	화장실
579	洗澡	xǐzǎo	(동)	목욕을 하다, 샤워를 하다
581	选择	xuǎnzé	(동)	선택하다, 고르다
583	需要	xūyào	(동)	필요하다, 요구되다
585	眼镜	yǎnjìng	(명)	안경
587	要求	yāoqiú	(동)	요구하다
589	爷爷	yéye	(명)	할아버지
591	一般	yìbān	(형)	일반적이다, 보통이다
593	一边	yìbiān	(부)	한 쪽, 한 편
595	一定	yídìng	(부)	반드시, 필히, 꼭
597	一共	yígòng	(부)	모두, 전부, 도합

560	站	zhàn	(동) (명)	서다 정거장, 역
562	长	zhǎng	(동)	자라다, 크다
564	照顾	zhàogù	(동)	보살피다, 돌보다
566	着急	zháojí	(동)	조급해하다
568	照片	zhàopiàn	(명)	사진
570	照相机	zhàoxiàngjī	(명)	카메라, 사진기
572	只	zhǐ	(부)	단지, 다만, 오직
574	种	zhǒng	(명)	종류
576	中间	zhōngjiān	(명)	중간, 가운데
578	重要	zhòngyào	(형)	중요하다
580	终于	zhōngyú	(부)	마침내, 끝내, 드디어
582	周末	zhōumò	(명)	주말
584	祝	zhù	(동)	기원하다, 축하하다
586	主要	zhǔyào	(형)	주요하다
588	注意	zhùyì	(동)	주의하다, 조심하다
590	字典	zìdiǎn	(명)	자전
592	自己	zìjǐ	(대)	자기, 자신, 스스로
594	总是	zǒngshì	(부)	항상, 늘
596	最近	zuìjìn	(명)	최근, 요즘
598	作业	zuòyè	(명)	숙제, 과제

| 599 | 以后 | yǐhòu | (명) 이후에, 나중에 | 600 | 作用 | zuòyòng | (명) 작용, 역할 |

실력 다지기 답지

실력 다지기 01

1. ① 你 nǐ

② 我 wǒ

③ 老师 lǎo shī

④ 好 hǎo

⑤ 冷 lěng

⑥ 远 yuǎn

⑦ 喜欢 xǐ huan

⑧ 名字 míng zi

⑨ 叫 jiào

⑩ 他 tā

2. 01) 去　　　　02) 听

03) 不来　　　04) 不吃

05) 很热　　　06) 漂亮

3. 01) 你吃饭吗？

02) 你去学校吗？

03) 她听音乐吗？

04) 他写汉字吗？

4. 01) 我不吃饭。

02) 他下午不回家。

03) 我们不去学校。

04) 她不学汉语。

실력 다지기 02

1. ① 知道 zhī dào

② 高兴 gāo xìng

③ 你是哪国人? nǐ shì nǎ guó rén

④ 我是韩国人 wǒ shì hán guó rén

⑤ 朋友 péng you

⑥ 学生 xué sheng

⑦ 车 chē

⑧ 手机 shǒu jī

⑨ 书 shū

⑩ 家 jiā

2. 01) 十四　　　　02) 七百二十

03) 三千零七十　04) 六万零二

05) 五百八十万

3. 01) 是　　　02) 不是
03) 是　　　04) 不是
05) 不去　　06) 去
07) 不去　　08) 不去

4. 01) 在　　　02) 有
03) 在　　　04) 有
05) 有　　　06) 没有
07) 有　　　08) 在

실력 다지기 03

1. ① 几点了? jǐ diǎn le
② 图书馆 tú shū guǎn
③ 星期天 xīng qī tiān
④ 从 cóng
⑤ 一个小时 yí gè xiǎo shí
⑥ 现在 xiàn zài
⑦ 正在 zhèng zài
⑧ 是 shì
⑨ 着 zhe

⑩ 左边 zuǒ biān

2. 01) 八点十分
02) 十二点一刻
十二点十五分
03) 九点五十五分
差五分十点
04) 十一点半
十一点三十分
05) 七点四十五分
七点三刻
差十五分八点
差一刻八点

3. 01) 正在　　02) 正在
03) 着　　　04) 正在
05) 正在　　06) 着
07) 着　　　08) 正在

4. 01) ⓔ　　　02) ⓑ
03) ⓐ　　　04) ⓕ
05) ⓓ ⓒ

5. 01) 人　　　02) 点

03) 星期   04) 半

05) 这些   06) 见

실력 다지기 04

1. ① 怎么样? zěn me yàng

② 多少钱? duō shǎo qián

③ 的 de

④ 要 yào

⑤ 别 bié

⑥ 一下 yíxià

⑦ 元 yuán / 块 kuài

⑧ 刮风 guā fēng

⑨ 天气 tiān qì

⑩ 下雨 xià yǔ

2. 01) 两块九毛

02) 八十九块

03) 七百三十块

04) 四百零一块

05) 五千六百块

3. 01) 的 해석: 그는 나의 친구이다

02) 要 해석: 나는 중국어를 공부할거야.

03) 地 해석: 너 천천히 먹어.

04) 死 해석: 화나 죽겠어.

05) 会 해석: 그는 영어를 할 줄 안다.

4. 01) ⓕ   02) ⓔ

03) ⓑ   04) ⓐ

05) ⓓ   06) ⓒ

5. 01) 今天天气怎么样?

02) 这个多少钱一斤?

03) 听说你要结婚。

04) 我不会说汉语。

05) 这是我的书。

실력 다지기 05

1. ① 菜 cài

② 衣服 yī fu

③ 旅游 lǚ yóu

④ 穿 chuān

⑤ 可爱 kě'ài

⑥ 过 guò

⑦ 会 huì

⑧ 能 néng

⑨ 可以 kě yǐ

⑩ 想 xiǎng

2. 01) 能   02) 可以

03) 会   04) 想

05) 要

3. 01) 离   02) 从

03) 离   04) 从

4. 01) 我吃过这个菜。

02) 我听过这个音乐。

03) 他没来过我家。

04) 她去过日本留学。

05) 我没给他打过电话。

06) 今天没下过雨。

07) 我没吃过饭。

08) 他没去过美国。

실력 다지기 06

1. ① 哪位? nǎ wèi

② 打扰你了 dǎ rǎo nǐ le

③ 为什么? wèi shén me

④ 经常 jīng cháng

⑤ 运动 yùn dòng

⑥ 觉得 jué de

⑦ 因为 yīn wèi

⑧ 所以 suǒ yǐ

⑨ 下课 xià kè

⑩ 电话号码 diàn huà hào mǎ

2. 01) 没   02) 已经

03) 再   04) 又

05) 不

3. 01) 我没吃饭。

我不吃饭了。

02) 他昨天没去学校。

03) 我们上星期没见面。

04) 我没看这部电影。

我不看这部电影。

05) 我没喝酒。

我不喝酒了。

06) 他没说来我家。

4. 01) ⓔ   02) ⓐ

03) ⓑ   04) ⓓ

05) ⓒ

5. 01) 你的电话号码是多少?

02) 我很喜欢日本音乐。

03) 你给我打电话吧。

04) 我想喝一杯饮料。

05) 今天我没去学校。

　　我今天没去学校。

06) 你今天为什么迟到?

실력 다지기 07

1. ① 是…的 shì…de

② 骑车 qí chē

　骑自行车 qí zì xíng chē

③ 还是 hái shi

④ 或者 huò zhě

⑤ 得 de

⑥ 多长时间? duō cháng shí jiān

⑦ 打算 dǎ suàn

⑧ 对 duì

⑨ 吃完了 chī wán le

⑩ 开车 kāi chē

2. 01) 洗完   02) 听完

03) 修完/修好   04) 猜到

05) 说完   06) 看见/看到

07) 处理完   08) 读完

3. 01) 坐   02) 骑

03) 坐   04) 坐

05) 骑   06) 骑

4. 01) 的   02) 得

03) 地   04) 的

05) 得   06) 得

07) 的   08) 地

5. 01) 我不是开玩笑的。

02) 她们不是昨天晚上到的。

03) 她长得不漂亮。

04) 我们不是去年认识的。

05) 今天天气不热。

06) 我不喜欢这件衣服。

실력 다지기 08

1. ① 医院 yī yuàn

② 点菜 diǎn cài

③ 还 hái

④ 感冒 gǎn mào

⑤ 发烧 fā shāo

⑥ 小心 xiǎo xīn

⑦ 就 jiù

⑧ 才 cái

⑨ 不舒服 bù shū fu

⑩ 把 bǎ

2. 01) 把   02) 是

03) 被   04) 把

05) 还   06) 给

07) 不是   08) 被

3. 01) 我一个人吃得完。

02) 他们听得懂汉语。

03) 他一个人搬得动。

04) 我看不懂你写的字。

05) 我很害怕，睡不着。

06) 他等不了那么长时间。

4. 01) ⓑ   02) ⓔ

03) ⓕ   04) ⓒ

05) ⓓ   06) ⓐ

5. 01) 钱包被小偷偷走了。

해석: 도둑이 지갑을 훔쳐갔다.

02) 鱼被猫吃了。

해석: 고양이가 생선을 먹었다.

03) 小狗被小孩子抓住了。

해석: 강아지가 꼬마에게 붙잡혔다.

04) 朋友把他骗了。

해석: 그는 친구한테 속았다.

05) 弟弟把手机弄坏了。

해석: 남동생이 휴대폰을 고장냈다.

06) 风把帽子吹走了。

해석: 모자가 바람에 날라갔다.

실력 다지기 09

1. ① 更 gèng

② 比 bǐ

③ 越来越~ yuè lái yuè

④ 就要 jiù yào

⑤ 回国 huí guó

⑥ 先~然后~ xiān~ ránhòu~

⑦ 联系 lián xì

⑧ 有意思 yǒu yì si

⑨ 成绩 chéng jì

⑩ 胖 pàng

2. 01) 越来越　　02) 上

03) 先, 然后　　04) 比, 更

05) 起来　　　　06) 没, 过

3. 01) 我以前去过美国。

02) 你吃过中国菜没有?

03) 他的病好起来了。

04) 最近天气越来越冷了。

05) 弟弟比哥哥高。

06) 我等你一个小时了。

4. 01) 价格越便宜越好。

02) 练习越多, 成绩越好。

03) 小狗越看越聪明。

04) 他越生气越冷静。

05) 他来首尔两年了。

06) 这小说我读了三遍。

07) 坐火车要三天。

08) 不到一个小时就到了。

5. 01) 就要　　　　02) 快要

03) 就要　　　　04) 快要

05) 就要　　　　06) 快要

실력 다지기 10

1. ① 得 děi

② 起来 qǐ lai

③ 像…一样 xiàng…yí yàng

④ 只要…就… zhǐ yào…jiù…

⑤ 让 ràng

⑥ 机场 jī chǎng

⑦ 护照 hù zhào

⑧ 送 sòng

⑨ 飞机 fēi jī

⑩ 办法 bàn fǎ

2. 01) 别　　　　02) 只要, 就

03) 像, 一样　　04) 让

05) 得　　　　　06) 叫

3. 01) 只要你去我也去。

02) 弟弟跑上来了。

03) 妈妈让弟弟打扫房间。

04) 我的想法跟你不一样。

05) 弟弟的成绩比哥哥好。

4. 01) 哥哥比弟弟高。

02) 妈妈让我打扫房间。

03) 我爱上了他。

04) 他终于想起来了。

05) 你别玩儿手机了。

06) 老师进教室去了。

삼삼한 중국어

초판발행일 | 2018년 8월 25일

지 은 이 | 초 이
펴 낸 이 | 배수현
표지디자인 | 유재헌
내지디자인 | 박수정
홍 보 | 배보배
제 작 | 송재호

펴 낸 곳 | 가나북스 www.gnbooks.co.kr
출 판 등 록 | 제393-2009-12호
전 화 | 031) 408-8811(代)
팩 스 | 031) 501-8811

ISBN 979-11-86562-85-7(13720)

※ 가격은 뒤 표지에 있습니다.

※ 잘못된 책은 구입하신 곳에서 교환해 드립니다.

※ 원고 투고 : sh119man@naver.com